识干家

企業閱讀　學以致用

企业文化建设与咨询 工具 案例

尹宏亮——著

ENTERPRISE CULTURE CONSTRUCTION AND CONSULTATION

北京燕山出版社
BEIJING YANSHAN PRESS

图书在版编目（CIP）数据

企业文化建设与咨询：工具　案例 / 尹宏亮著．--
北京：北京燕山出版社，2022. 3

ISBN 978-7-5402-6443-7

Ⅰ. ①企…　Ⅱ. ①尹…　Ⅲ. ①企业文化—建设—研究
—中国　Ⅳ. ①F279. 23

中国版本图书馆 CIP 数据核字（2022）第 024902 号

书　　名： 企业文化建设与咨询　工具　案例

作　　者： 尹宏亮

责任编辑： 满　懿

出版发行： 北京燕山出版社

地　　址： 北京市丰台区东铁营苇子坑路 138 号

网　　址： http://www. bjyspress. com

电　　话：（010）65240430

电子邮箱： bjyspress@ 126. com

印　　刷： 河北宝昌佳彩印刷有限公司

经　　销： 新华书店

规　　格： 170 毫米 ×240 毫米　1/16 开　15. 75 印张　218 千字

版　　次： 2022 年 3 月第 1 版　　2022 年 3 月第 1 次印刷

定　　价： 88. 00 元

导读

“我看了很多企业文化方面的书籍，但还是不知道怎么做。”这是很多企业管理者的困惑，也是笔者写这本书的初衷。

作为一名咨询师，笔者在企业文化咨询领域深耕多年；作为业内前辈，笔者也培养、锻炼了一批企业文化管理人才。十余年来，笔者参与了很多企业文化治理案例，甲方企业经营发展得到了不同程度的优化改善。有幸受邀，笔者走向讲坛，然亲授的机会总是有限的，现推出企业文化工具指南以飨读者。

“理论是灰色的，而生命之树常青。”面对企业文化“灰色”的艰深理论，你是否不知从何下手、连连却步？本书着眼组织管理者的各大难题，企业文化治理仿佛为企业“把脉号诊”。

有的企业表面上一派祥和，实则缺乏动力、疲软不堪；

有的企业看上去斗志昂扬，但文化落地系统有断层，那些振奋人心的语言最终成为墙上的口号；

有的企业业务不错，但组织缺乏凝聚力，使得成员没有归属感；

有的企业遇到发展瓶颈，只想到从产品和市场入手，没有想到从组织内驱力着手，企业文化的建立及实施，恰恰可以产生高昂的组织战斗力，甚至可以产生奇迹。

这些问题往往隐藏得较深，并且容易被忽视。结合本土企业文化的特点，像田野调查一样深入了解这类企业，才能从中找到症结——对症下药开出良方。

本书从应用的角度看企业文化管理：方法篇从方法论的基础入手，抽丝剥茧，把握企业文化管理的底层逻辑；案例与工具篇以企业文化治理实战为引，步步深入，带领读者快速上手企业文化管理实操流程；附录传承优秀传统，独树一帜，引出本土企业文化建设模型的独家秘籍。

其中，案例与工具篇选取了五个经典的西方企业文化模型，从丹尼森组织文化模型到双 S 立体文化模型，从奎因竞争性文化价值模型到沙因文化测评模型、珍妮弗·查特曼组织文化剖面图，各有侧重，成为企业文化咨询困境中的密钥锦囊。第九章提及的“三世五行”分析模型，则是笔者团队的本土化模型尝试，巧用传统智慧，应用于企业的文化治理流程，取得了不错的成效。

每做一个咨询项目或每开展一场培训，笔者都需要做大量的创新。因为不同客户、不同行业、不同领导风格、不同员工素质、不同企业文化基础，不一而足，都对企业文化治理的工具实操提出了新的要求。因此，仅仅了解工具本身的理论内容远远不够，对于大多数中国企业家来说，做好企业文化治理亟待海量经验积淀。

笔者分享经验，以供各行各业的读者借鉴，跳脱理论桎梏，快速上手企业文化治理过程。工作繁忙，成书仓促，如有不当之处，希望广大同人包容指正。

目 录
Contents

第一篇 方法篇

第二篇　案例与工具

第一篇　方法篇

随着越来越多的组织重视企业文化的价值，企业文化建设也成为企业管理的一项重要工作。而企业文化建设作为一个系统、复杂的工程，在实际操作中应依据规范的程序逐步推进。

笔者根据多年企业文化建设项目的咨询经验，对咨询机构从事企业文化建设的流程步骤进行了系统性的总结与整理，具体从寻因、筑基、践行三个方面为大家系统性地介绍：企业文化调研诊断的方法及路径、企业文化核心理念体系框架建设、企业文化实施落地的流程及措施，希望这部分内容对读者有所助益。

第一章

寻因：企业文化调研诊断的方法及路径

解决问题，还须作系统的周密的调查工作和研究工作，这就是分析的过程。提出问题即矛盾的所在。

——毛泽东

企业文化调研诊断是企业文化建设项目的首个关键流程，其目的是通过系统梳理、全面诊断，结合企业的内外部环境、所处发展阶段及战略发展规划，找出当前企业在文化建设方面存在的问题。这是企业文化建设第一阶段的首要任务，也是企业文化建设项目的基点。

在调研诊断前，需要进行调研诊断的总体设计，一般包括调研目的、调研原则、调研范围、调研内容及方法工具、测量模型的选用等。此项工作不管是聘请外部专业咨询机构来完成，还是企业内部文化主管部门自己完成，均可有选择地运用本书介绍的方法和工具。

调研诊断必须掌握企业最真实、最直观、最准确的一手信息，这样才能为后面的“文化核心理念体系建立”与“最终的企业文化实施落地”两项文化建设核心工作打下坚实的基础。因此，调研诊断的实施过程中，必须把握两大原则：**一是目的明确，紧扣经营，**“为何调研”“调研结果作为何用”，是在调研前要明确的，切忌为了“调研”而“调研”；**二是采用定性和定量相结合的方法**，具体以哪种调研方法为主，要根据企业的实际情况决定。

接下来我们将系统地了解一下企业文化调研诊断工作的实际操作流程。

第一节　企业文化调研诊断流程

企业文化建设调研诊断工作，因其独立性、专业性、严谨性要求较高，一般由外部咨询机构主导完成，其工作流程框架如图 1－1 所示。若企业内部文化主管部门主导此项工作，可依据此流程框架，结合自身能力及情况酌情应用。

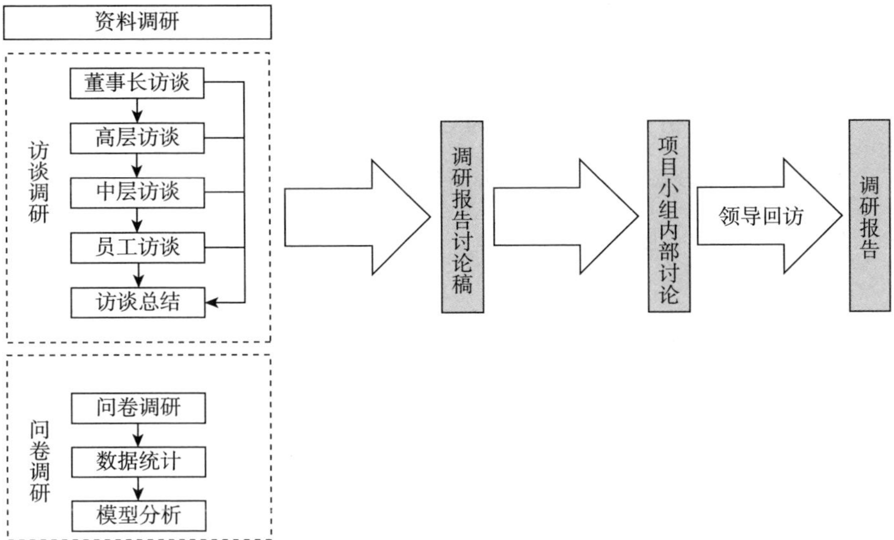

图 1－1　企业文化建设调研诊断工作流程框架

一、调研诊断的 8 个工作内容

（1）事前培训：对企业文化管理的概念、作用，以及企业文化建设的过程与步骤进行全面系统的培训。

（2）诊断目的：主要是对企业发展历程中的文化管理过程进行调研与分析。

（3）调研对象：企业本级及各分/子公司，了解各级对核心理念系统的知晓度、认同度和执行度。

（4）资料调研：企业内部相关资料的研读、分析。

（5）访谈调研：由顾问团队对企业各级领导及股东代表、客户代表、员工代表等进行深入的访谈。访谈人与被访谈人采用一对一或多对一的形式访谈，每次访谈在独立封闭的房间进行 1～2 小时。

（6）问卷调查：通过问卷形式量化诊断模型，并进行对应的数据分析。

（7）集思广益：通过线上线下相结合、时点时段相结合，听取各级人员的文化感受，并收集相关建议。

（8）形成方案：基于历史回溯、现状分析、问题归源，提出针对性的建议及意见。

二、诊断分析报告的 5 大内容

企业文化现状调研和诊断分析报告，包含如下内容：

（1）企业文化的现状描述。

（2）企业文化的成因剖析。

（3）企业文化不同结构层面的诊断分析。

（4）企业文化的具体维度与类型的诊断分析。

（5）针对企业文化现状的问题总结与针对性建议。

三、调研诊断成果的价值

（1）评估企业文化建设现状的优劣势。

（2）探寻企业发展历程中的优秀文化基因。

（3）明确企业当前文化管理的问题及根源。

（4）明确战略转型要求下企业文化管理的重点。

企业文化调研诊断工作，一般情况下分为四个步骤：项目启动阶段→调研诊断阶段→调研分析→出具诊断报告。下面对这四个步骤进行详细讲解。

第二节　项目启动 4 大步骤

一、成立项目推进组

1. 项目组确立

由企业文化主管部门牵头，成立企业文化建设项目组（若引入外部咨询机构，则内部成立对接组即可），并指派专人负责牵头企业文化项目的推进和执行工作，为便于统筹调动公司内部资源，项目一般由公司一把手亲自挂帅，保证工作的顺利推进。

2. 工作环境准备

不管是否引入外部咨询机构，项目组都需设置独立办公室，以便访谈调研、工作研讨等工作的落实。

二、召开项目启动会

项目启动会的成功召开，是企业文化建设项目顺利实施的关键。召开项目启动会的目的，主要是加强全员对企业文化建设的重视程度，鼓励其积极参与，献计献策，提出客观、有价值的意见和建议，保证项目各项工作的有序开展。

项目启动会的内容主要包括介绍项目背景、目的、意义、思路、实施步骤、时间安排及项目组成员职责分工等。

三、落实项目内容培训

企业文化建设项目的实施过程，是需要企业相关人员参与和配合的，这就需要大家对企业文化项目建设有初步的认识和了解，打破对企业文化认识流于表象的认知，通过企业文化相关知识的培训，为后期项目的顺利开展奠定基础。

四、明确项目实施计划

1. 制订工作计划

企业文化建设项目组，需要根据项目预期目标，制订总体工作计划与滚动工作计划，保障项目按时、按质、按量顺利完成。

2. 拟订实施方案

调研诊断阶段需要对调研目的、调研范围、调研时间、调研内容、工具方法的选择等进行总体规划，拟订切实可行的调研实施方案。另外，为提高全员参与的积极性，保证在调研诊断阶段取得真实、有效的信息，也要制定相应的调研实施方案。

3. 确定调研内容

企业文化调研的内容有：企业所处的行业特征及发展趋势，企业发展历史与文化积淀，企业成长史上的典型事件和代表人物，企业战略发展规划，企业经营管理现状及存在的主要问题，企业文化建设现状与执行情况，企业家及领导团队精神特质，员工的文化认知与需求，企业氛围与员工满意度，上下游客户满意度与社会公众认知状况，行业内外、国内外标杆企业的先进文化元素，企业及分支机构所在的地域文化特征等。在实际操作中，可根据每个企业的实际情况确定具体的调研内容。

4. 企业内外部资料收集

在调研正式开始前，需要对企业内外部资料进行整理、收集、分析、吸收、研讨、应用（若引入外部咨询机构，则对接组只需要做整理、收集、说明）。

企业内部资料不仅是项目分析诊断的依据，还是设计调查问卷和访谈提纲的重要参考，项目组应该及时拟订资料收集清单，提交各有关系统/部门，要求在规定时间内提供，信息收集后执行小组应做好登记、整理，一般在 3 ~ 5 个工作日内完成对这些资料的消化吸收和相关研讨。

同时，项目组要在项目正式启动前做好外部市场、政策、同行业企业的企业文化建设情况等资料的收集。

第三节　企业文化调研诊断的方法

在对调研诊断方案进行评审，并确定无误后，即可进行正式的企业文化调研诊断（若引入外部咨询机构，则需经合作双方共同确认）。

调研诊断可采用的方法很多，如资料收集、深度访谈、现场观察、问卷调查等，以笔者多年的企业文化项目经验来看，在实际操作中最好几种方法结合使用。

一、调研诊断的常用方法与原则

（一）调研诊断的常用方法

企业文化调研的常用方法有：资料收集法、深度访谈法、现场观察法、问卷调查法，现就这几种常用方法的作用及内容进行说明。

1. 资料收集法

资料收集法包含内部资料和外部资料的收集，根据项目需要拟订信息需求清单，有针对性地研究各类相关的文件资料，主要内容如下：

（1）图片影像资料——企业过往工作、生活场景的纪实记录。

（2）重要会议记录——企业发展过程中关键历史节点的决策过程记录。

（3）工作总结报告及企业的发展规划、发展目标、主要发展措施方面的信息——企业实际生产经营状况和战略规划等。

（4）董事长、总经理讲话稿——企业创始人与高层的价值取向。

（5）企业内刊、宣传材料、媒体报道——对内对外的形象展示情况与宣传推广策略等。

（6）企业人力资源制度（包括招聘制度、人员选拔与任用制度、薪酬制度、业绩评价、考核方法等）——当前企业的人才管理观。

（7）企业史、企业志等历史和现实资料——企业从创立到现在所形成的文化传统。

（8）企业组织结构及组织管理方面的信息（包括部门设置、智能、管理规范、管理幅度及管理层次、决策权限与决策程序、横向联系等）——企业的管理架构与相关制度。

（9）国内外同行业相关相近企业的文化（包括价值观念、组织制度、经营理念、控制理念等）——同行业、产业共通的价值观梳理。

如有需要，还可采购各类与企业相关的公共与专业媒体、研究资讯作为参考。

2. 深度访谈法

深度访谈法是指根据项目需要和企业实际情况拟订的访谈提纲，采取抽样调查的方式与特定对象（一般是公司主要中高层领导、基层员工代表、历史人物，甚至上下游合作伙伴等）进行面对面的交流，有针对性地了解企业文化现状及存在的问题。访谈形式一般包括一对一、多对一、群体面谈等。访谈过程中，对被访谈者要注意聆听、引导和控制，掌控访谈的目的与节奏，对于不同的访谈对象，要拟订不同的访谈提纲及策略，关于访谈提纲的设计后续章节会详细介绍。

3. 现场观察法（主要适用外部咨询机构）

现场观察法是对企业所处地域环境和所在建筑物、内部办公空间、各种会议、员工活动、员工风貌等进行观察，判断企业文化的外在直观表现，观察时需及时做好现场记录。主要的观察对象及目的如下：

（1）生产经营环境——经营状况、生产安全文明、员工对企业的态度。

（2）办公环境——权利意识、等级观念、管理特征。

（3）生活环境——精神风貌。

（4）厂区环境设施及三废处理——环保意识、对公益的态度。

（5）公司如何接待陌生人——公司的行为礼仪。

（6）员工如何使用时间——公司行为的节奏感。

4. 问卷调查法

问卷调查法是指根据项目需要和企业现实状况，设计专门的企业文化调查问卷。问卷的形式主要分为结构化问卷、开放式问卷与前两者结合式问卷三类。问题的提出主要采用“模糊评价模型”，如以“非常同意”“同意”“不一定”“不同意”“非常不同意”等为标准，用于调查结果的定量分析，关于企业文化诊断的定量分析模型和工具，这也是本书重点讲解的内容，后续章节会详细介绍。

除问卷调查外，其余三种调研方法的结果均应用于对企业文化的定性分析，在操作项目的过程中，有时也会设计调查问卷作为访谈定性分析的补充。在开展企业文化调查的过程中，对于以上四种调研方法要根据企业的具体情况进行有机组合，以便对企业及所处行业的历史、现状及未来发展方向做出全面的考察与分析。只有这样，才能发现并提炼出既有企业特色又符合时代发展规律的企业文化理念，才能在此基础上有步骤地进行宣贯与管理改进。

（二）调研工具方法的 3 个使用原则

（1）与实际相结合：一切从实际出发，结合公司在经营管理中出现的问题，切忌“为文化而文化”。

（2）语言通俗易懂：调研内容表达不能脱离公司常用的术语和规范，以便员工更准确地理解调研题目的真实含义，避免产生误解或歧义，使调查结果尽可能接近真实。

（3）简单易于操作：调研不能过于复杂烦琐，避免对日常工作形成不必要的干扰。

二、调查问卷的设计步骤与注意事项

（一）问卷设计的 6 个步骤

第一步：明确调查目的，确定调查主要基于何种需求，如组织氛围、员工满意度、领导力等，目标应当尽可能精确、清晰。

第二步：确定问题回答的形式，多以封闭式问题为主，辅之少量开放式问题；主要让应答者从一系列应答项中做出选择，而不是自由地用自己的语言来回答和解释有关想法。

第三步：确定问题的措辞，用词必须清楚准确、避免诱导性的用语，考虑应答者回答问题的能力和意愿。

第四步：确定问题的编排顺序，问卷每一部分问题位置的安排都具有一定的逻辑性，联系越紧密，应答者考虑得越全面，回答越严谨。

第五步：预先测试和修订，当问卷获得管理层的最终认可后，还必须挑选一部分人员进行预先测试。测试完成后，及时修改有问题的地方。

第六步：确定调研方式，基于调研对象的数量及情况，确定采用线上或线下调研方式，量少层级高建议采用线下方式，量多涵盖面广建议采用线上方式。

（二）问卷设计的其他注意事项

调查问卷提及的问题应与调查目的和调查内容的分析要素相对应，与公司价值观与规范所描述的角度相吻合，并且应尽可能是员工应该了解和切实关心的问题，充分考虑员工填写时的心理因素，问题不宜设计过多。

如果企业文化调研是以调查问卷定量分析为主，可参考本书后面重点介绍的诊断模型和工具，根据企业的实际情况，应采用相应标准量表进行调研诊断。如果企业文化问卷调查是对访谈的补充，为了定性分析，则可根据实际需要设计调研的目的和维度。

无论是哪种调查问卷的设计，为了进行相关性分析，问卷中难免涉及个人信息（如层级、学历、年龄范围、入司年限等），调查设计者必须在问卷填写说明上做出保密承诺。

（三）高效问卷调查的原则与方法

（1）保密性原则：不仅要在问卷开头做文字说明，还应在发放问卷时进行详细的讲解，使填写人明白，项目组一定对他所填写的问题保密，消除他的顾虑。

（2）真实性原则：为了保证调查问卷的真实性、高效率，在项目启动会或者企业文化培训过程中重点强调，如何填写企业文化调查问卷。如果条件允许，可组织问卷填写人“集中填写”，填写前可重点解读一下填写注意事项，保证得到的结果是客观真实的。

企业文化调研本身就是一个声势浩大的宣导过程，为统一广大员工对企业文化的认识和理解，确保调研工作的顺利开展，建议利用集中填写调查问卷的机会，召开一次企业文化内部调研动员会，借此做一下企业文化的专题培训。此外，为提高员工的参与热情，还可开展企业文化提升建议的有奖征集活动，利用企业内部的一切宣传渠道，同步宣传介绍企业文化的相关知识。

（四）案例：××集团企业文化调研问卷

××集团企业文化调研问卷（部分）

填写说明：

1. 本问卷采用无记名方式，请实事求是填写。

2. 本问卷分为问卷和个人信息两部分。请在你选择的选项上画“√”。

3. 个人信息部分为必填部分，未填写此部分或填写信息不全的问卷不能作为有效问卷。

4. 问卷选择没有对错之分，请自己独立判断填答。

5. 为了保证问卷调查的客观性和真实性，请你填答完后在____年____月____日下午前将问卷交××部（邮箱：____________电话：____________）。

你认为我们应该继承集团历史传统文化中的哪些内容（选出最重要的2项）?

1. 专业　2. 品质　3. 服务　4. 执行力　5. 和谐　6. 其他

你认为我们现有的企业文化对企业发展有多大的促进作用?

1. 有很大作用　2. 有一定作用　3. 没有　4. 说不清

你认为我们集团有成熟的企业文化吗?

1. 有　2. 一般　3. 没有　4. 说不清

你认为我们集团的企业文化有特色吗?

1. 有特色　2. 一般　3. 没有特色　4. 说不清

你关于集团经营发展信息的主要来源是（选出最重要的 2 项）？

1. 会议传达　　2. 领导口头传达
3. 文件传达　　4. 传闻

你是否了解集团的各项规章制度，并愿意遵照执行？

1. 是　　2. 一般　　3. 无所谓　　4. 有抵触
5. 制度有问题

你认为在集团内部各种激励（赏罚）兑现到位吗？

1. 到位　　2. 一般　　3. 不到位　　4. 说不清

你认为集团员工的效率意识强吗？

1. 很强　　2. 比较强　　3. 一般　　4. 没有

你认为集团部门有协作意识吗？

1. 部门间能够积极配合
2. 部门间有配合，但不太积极
3. 协作较难，主要凭相互关系办事

你认为集团员工的创新意识强吗？

1. 很强　　2. 比较强　　3. 一般　　4. 没有

你认为集团员工的归属感强吗？

1. 很强　　2. 比较强　　3. 一般　　4. 没有

你认为集团员工的敬业精神强吗？

1. 很强　　2. 比较强　　3. 一般　　4. 没有

你认为集团盛行人情文化、面子文化吗？

1. 盛行　　2. 一般　　3. 没有

你认为集团员工的服务意识强吗？

1. 很强　　2. 比较强　　3. 一般　　4. 没有

你认为集团员工的学习意识强吗？

1. 很强　　2. 比较强　　3. 一般　　4. 没有

你认为有了制度却没有严格执行的现象常见吗？

1. 常见　　2. 偶尔发生　　3. 从没有

你认为集团未来的主要竞争优势在于（选出最重要的 2 项）？

1. 企业文化　　2. 团队　　3. 技术　　4. 市场意识

5. 政策　　6. 其他

你对集团未来的发展有信心吗？

1. 很强　　2. 比较强　　3. 一般　　4. 没有

你的个人信息：

1. 年龄

2. 学历

3. 本企业工龄（年）

4. 职级（基层、中层、高层）

调研问卷发放说明：

回收时间：____年____月____日前回收

回收方式：电子版

发放数量：200 份

发放范围：集团和二级单位全体高层和中层管理人员（含副职）、科室人员代表、基层员工代表

三、访谈提纲的设计要点与访谈方法

1. 访谈提纲的设计要点

在设计访谈提纲时，涉及的问题应与访谈对象所处的管理层级和工作职责相对应，同时注意问题分类，提纲要细致，每一个问题可再分小项，还要注意与不同访谈对象交流内容的相关性。

2. 5 个成功访谈的方法

（1）访谈前准备：访谈者尽可能固定，由专人担任，宜由 2 ~ 3 人组成一个访谈小组，访谈过程中一人负责提问，一人负责记录，一人负

责与访谈对象的通知衔接。访谈顺序最好按照从基层员工到中高层员工、从企业一线员工到企业总部员工的原则来安排。在访谈开始前应进行充分的准备，包括熟悉访谈提纲、了解有关企业文化现象的问题等。

（2）访谈提问：运用轻松的开场白，可使用简短的题外话拉近彼此的距离，在交流过程中应尽量避免使用比较生硬、正式的词语，尽量创造融洽、亲切的谈话氛围，引发被访谈者的兴趣，更多地挖掘公司历史上没有文字记载的轶事趣闻，特别是对某些典型事例要深入了解，确定人物、地点、时间、具体内容、相关数据。访谈过程中应思维敏捷，不拘泥提纲顺序和问题。对于提纲中未涉及的重要内容，可加以追问和修正完善，但要注意不能生硬地否定对方的观点，也不要随口附和对方的观点，对明显荒唐的观点可以委婉地提出质疑。访谈过程中，要控制好访谈的时间、节奏等。

（3）访谈记录：记录人要注意细致、准确，尽可能记录访谈过程的每一句话，注意对方发表观点的背景和真实意思，不要掺杂个人观点，不要有任何形式的发挥，对某些有代表性的话要完整记录下来，涉及的名称、数据、过程要精确记录，并得到确认和核实，提问人也要尽可能记下所有问题的主要观点。每天访谈结束后，用 QA 的形式及时整理访谈记录，在输入电脑的同时辅以录音。

（4）访谈总结：访谈结束后，记录人与提问人可对照彼此的感觉，每天（或半天）进行执行小组访谈总结，针对当天访谈得到的信息发表自己的意见并由专人记录，对存在疑问的问题要在后续的访谈中加以证实和补充，并根据访谈总结，适当调整访谈提纲。

（5）访谈保密（此项工作需要格外注意）：访谈开始前要向被访谈人申明保密原则，消除被访谈者的疑虑，谈话中任何人不得泄露访谈对象的观点，防止其被误导，在访谈总结中也不要过于强调被访谈者的姓名，日常与工作无关的交流不要引用访谈时的信息，电脑、笔记本应妥善保存，不要随便放置，防止丢失或泄密。

3. 案例：××公司访谈提纲

××公司高层访谈提纲

（1）请介绍一下集团公司的发展历程，并重点介绍一下影响集团公司发展历程的里程碑事件？公司有哪些能代表企业文化的故事？

（2）集团公司的历史沿革，在经营管理和企业文化方面有哪些成功的经验？对现在有什么积极影响？有哪些教训？是方向性（战略性）失误还是操作性失误？

（3）在集团每个特定的历史阶段，基本理念、价值观、道德倾向是什么？目前对集团产生什么影响？

（4）为了支持集团未来可持续发展，希望建立什么样的企业文化？

（5）在现有的企业文化中，哪些需要保留，哪些应该舍弃？

（6）公司现有的经营理念、企业精神、价值观是什么？

（7）公司的质量、成本、市场、客户、竞争、创新、危机、学习等意识如何？

（8）随着公司的发展壮大，企业文化发生了什么变化？具体有哪些方面出现变化？哪些方面没有变化？发生这些变化的原因是什么？

（9）公司的企业文化发挥了什么作用？哪些有助于企业的经营业绩？哪些不利于企业的经营业绩？原因是什么？

（10）为了支撑公司未来可持续发展，希望建立什么样的企业文化？在现有的文化中，哪些需要保留，哪些需要摒弃？

××公司中层访谈提纲

（1）你希望所在的子公司/部门以后发展成什么样子？你觉得应该从哪些方面进行改善？

（2）目前集团公司的文化核心是什么？

（3）员工对现在的企业文化是什么态度？

（4）你了解集团公司的发展历程吗？请介绍一下影响公司发展历

程的里程碑事件？

（5）请你谈谈集团公司领导者的管理风格。

（6）为了适应集团公司未来发展的需要，应该建立什么样的企业文化？

（7）你部门的员工对本职工作是否满意？原因是什么？

（8）你认为公司的文化应该体现在哪些方面？

（9）你部门在管理工作中遇到的最大困难是什么？领导是否给予足够多的支持？

（10）为了适应公司的发展需要，你觉得应该建立什么样的企业文化？

第四节　调研分析两大步骤

一、分析调研数据

调研工作告一段落后，项目组应根据不同的问题点对收集到的原始信息进行汇总归类、统计分析（若引入外部咨询机构，此阶段双方务必做好配合，企业内部对接组要积极参与方案成果的讨论及评审），判别企业文化现状特征及成因。调研数据是企业现状的重要事实，分析过程中必须小心谨慎，再次回顾调研目的，明确需要得到的分析结果，再使用图表将数据、层次、比例等关系做出对比，将结果可视化。结合各维度的数据，参考行业标杆企业情况进行分析。

二、企业文化定位

企业文化定位，是指企业在一定的社会经济文化背景下，根据企业的发展历程、发展战略、人员构成、目前管理方面需要解决的突出问题等进行调查研究，对企业文化中的某些要素进行重点培植和设计，使之在公众或竞争者心中留下深刻印象，从而树立起具有自身独特个性，有别于其他企业的独特形象和位置的企业战略活动，是塑造企业文化的首要一环。我们通过前面的企业诊断分析，在建设企业文化之初，应该首先从本企业个性出发，结合行业共性来对企业文化进行定位。

企业文化定位一般用简单的一个字或者几个字来表达，或是形象名称，或是内涵名称，但目的都是让员工对企业文化的概念有清晰的印象，或者说能够告诉别人该企业是什么样的文化。

比如海尔的企业文化第一特征是“创新”，海尔企业文化是一种“创新文化”。海尔集团的 CEO 张瑞敏说过：“创新是海尔文化的灵魂，创新是海尔持续发展的动力，创新是新经济的核心。”很多知名企业都有很明确的企业文化定位，如中建八局的“铁军文化”、四川航空的“美丽文化”、同仁堂的“五同文化”等。

做好企业文化定位，要考虑四个方面的因素：

首先，企业文化定位要源于企业战略并为战略服务，因为企业文化是为企业战略服务的。

其次，企业文化定位要融合企业家的领导风格。

再次，企业文化定位要传承企业优秀的传统文化。

最后，企业文化定位要符合企业的现实发展需要。文化定位的目的在于明确企业导向，彰显企业特色，以便更好地统一企业员工的思想，展示企业品牌形象。

第五节　出具诊断报告

完成数据分析后，出具诊断报告是调研工作的最后一步。报告的开始，项目组首先对前期调研工作进行概述，使企业更加了解调研诊断的目的和采样方法，避免产生与调研目标无关的问题。其次，使用图表、表格分析企业文化的真实状况，将主要诊断结论放在最前面，便于阅读者迅速把握报告的核心观点，再以调研得来的数据作为论据支撑。最后，第三方咨询机构对调研结果提出看法和建议。

《××××公司企业文化诊断报告》（报告目录）

一、调研工作基本情况

1. 深度访谈

2. 集体座谈

3. 现场考察

4. 问卷调查

5. 资料分析

6. 小组研讨

二、××××公司发展历史回顾

1. 企业初创时期（××××—××××年）

2. 快速发展时期（××××—××××年）

3. 缓慢发展时期（××××—××××年）

4. 创新发展时期（××××年至今）

三、××××公司企业文化建设优势及制约因素分析

1. ××××公司企业文化建设优势分析

2. ××××公司企业文化建设制约因素分析

四、对××××公司战略性问题的思考

1. 关于战略定位

2. 关于凝聚人心

3. 关于人力资源

4. 关于强势文化

五、××××公司企业文化体系方案设计思路

1. 设计原则

2. 设计内容

总而言之，企业文化调研是一个看似简单，但极具专业性和系统化的工程，针对不同的调研目的，采用的调查工具和调查方法也不尽相同，需要调研组织者极高的专业素养和调研执行者极高的综合素质。一切都是为了获得真实客观的系统数据，帮助企业了解企业文化现状，作为企业文化建设决策的重要参考。此过程切记，不要“为了调研而调研”！

无论是文化的重新塑造还是落地，都和绩效一样是一把手工程，企业文化从业者需要懂得引导，以及利用老板、中高层，甚至是外部专家或顾问的力量来推动，取得预期的成果，为下一步梳理企业的文化理念体系打下坚实的基础。

本章小结：本章内容主要是基于笔者多年实操经验整理而成，为大家系统地介绍企业文化调研诊断的方法及路径。本章为照顾初学者，内容力求细致完整，大家在具体应用中可根据实际情况有所侧重、有所取舍。

第二章

筑基：企业文化核心理念体系框架建设

分析任何一家存在多年的大企业，我相信你都会发现它的适应性不是归功于组织形式和管理技巧，而是归功于我们称之为“信条”的力量，以及他们所产生的对于员工的巨大凝聚力。这就是我的理论：我坚持认为，为了生存和取得成功，任何一家企业首先要建立一套完整的信条作为所有政策和行动的前提。接下来，我们认为企业取得成功的重要的单一因素就是要忠诚地拥护这些信条。

——IBM 第二代总裁 小托马斯·沃森

第一节　企业文化理念体系框架模型

在当前国内企业文化理念体系中，普遍存在层次不清、概念混淆、体系残缺等问题，尚未形成真正权威的、相对统一的企业文化理念体系标准模型。

造成这一现实的主要原因有两点：其一，不同企业所处的行业领域、成长阶段及外部环境不同，在具体的文化理念体系构建上也存在一定的差异；其二，企业文化的理论研究与建设实践在中国发展时间尚短，企业、咨询机构有急于求成的思想，对企业文化的价值意义认识不深，对企业文化的理念层次概念解析不透，理论与实践差距很大。

企业对文化理念规划也存在两个误区：一是忽视理念，认为只要有漂亮的门面装潢、大量的内外宣传，就是建设企业文化；二是理念规划只关注其语言的华丽表达，不能和企业行为需求有机结合，难以产生实际的效果。

笔者根据多年企业文化项目实践和咨询经验认为，作为企业文化的核心，成熟完善的企业文化理念体系至少应该具备三个基本特征，即概念准确、层次清楚、逻辑关系清晰。

为此，笔者基于国内外知名企业的文化理念体系案例、结合优秀企业的企业文化实践，对常见的几个体系模型进行了梳理。

一、企业哲学的 3 个基本命题

企业哲学提出的三大基本命题，构成了企业哲学的结构，进而影响与决定着企业文化理念体系的内在层次划分，即“我是谁”“到哪里去”“如何走”。按哲学基本命题划分的企业文化理念体系模型如图 2－1 所示。

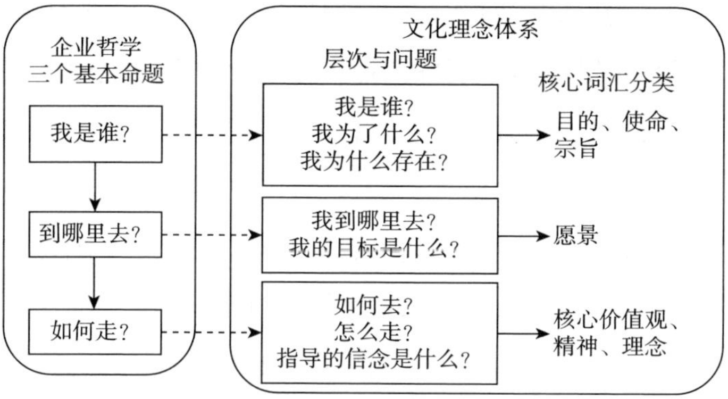

图 2－1　按哲学基本命题划分的企业文化理念体系模型

第一层核心理念：“企业为什么存在?”就是要回答企业存在的价值，即“我是谁”的问题，这就是企业的使命、存在的价值或者说意义。德鲁克认为，创办企业的第一问题就是“本企业是什么样的企业”。其他理念都是对核心理念的阐述与表达，都是以此为核心的延伸。

核心理念包括企业核心价值观、企业精神、企业作风。

第二层战略理念：企业基于战略思考形成的基本理念，阐释企业存在的根本目的和追求的远大目标。回答我们将走向哪里，也就是企业的使命、愿景、目标，这是企业的使命、企业存在的价值或者说意义。

第三层应用理念：回答我们如何达成目标，明确引领企业行动的信念是什么。也就是对市场、对客户、对员工、对产品、对管理意识等方面的观点、原则，如管理理念、人才理念等方面的价值观。

以上就是按企业哲学提出的三个问题来划分的企业文化理念体系的层次。

二、企业文化理念体系的 4 个层次

企业文化理念体系是企业的灵魂，是企业形成制度文化和物质文化的思想基础，是企业处理一切问题的指导原则，反映了企业的信仰与追求，指导着企业的经营管理行为，对内统一思想、凝聚和激励人心、产生心理约束和行为导向，对外在树立良好的企业形象、扩大积极的社会影响等方面发挥关键作用。根据企业文化理念体系在企业文化体系中发挥的作用，及其自身的内在性质，可以分为精神层、制度层、行为层和物质层。

精神层：是企业文化的核心和灵魂，其定义企业文化的三个核心要素：使命、愿景、价值观，是形成企业文化的物质层、行为层和制度层的基础和原则；是企业中所有员工共同信守的基本信念、价值标准、职业道德及精神风貌。

制度层：主要指对企业员工和组织的行为产生规范性、约束性影响的部分，包括企业的各种规章制度及其背后所遵循的理念，如人才理念、营销理念、质量理念、发展理念等。这是塑造精神文化的机制和载体，是企业文化得以贯彻的保证。

行为层：是指企业所有员工在生产经营、学习娱乐中产生的活动文化。是企业精神层、制度层和物质层的动态体现和折射，在企业文化建设实际落地执行的过程中，行为层往往被归于物质层的范畴。

物质层：是企业文化外在的静态表现和载体，包括员工行为、厂容厂貌、产品外观包装、企业标识、司歌、文化传播网络等，为行为层、制度层和精神层提供物质基础。

三、文化理念模型：使命、愿景、价值观

基于文化理念体系的划分方法有很多，如战略理念、价值观理念、

执行理念等。笔者结合多年的企业文化管理咨询和实践经验，由繁入简，将文化理念模型划分为三个部分：使命、愿景、价值观。如图 2－2 所示。

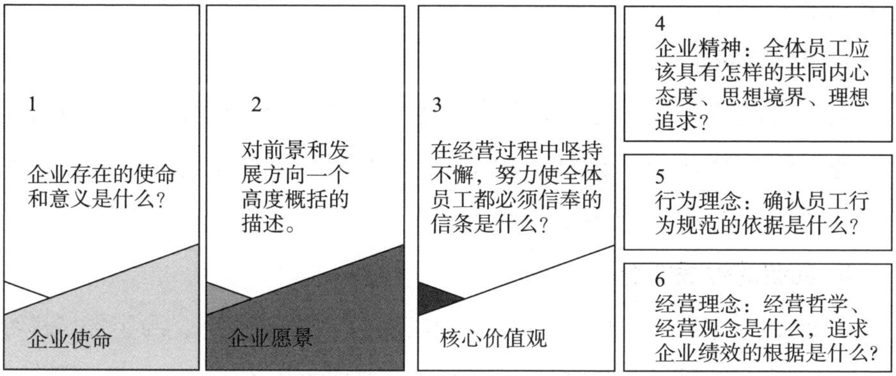

图 2－2　文化理念模型

四、内外部影响因素分析

企业文化理念体系不是凭空而生的孤立存在，对内受领导者风格、全员心态、管理体系、沉淀的优秀文化、战略发展阶段的影响，对外受地域特征、经营环境、行业特征的影响。

（一）内部影响因素

1. 领导者风格

企业高层领导团队，尤其是创始人的风格、特征、经营理念，对于企业的经营理念、管理风格等文化核心理念的形成起到关键的引导作用。一个强势的创始人会使其创办的企业、事业带有浓厚的个人风格。因此，在推动企业文化建设工作时，首先要对企业创始人的风格特征等进行研究总结，以此作为企业文化理念的核心进行梳理，才能保证文化建设工作处于正确的方向。

2. 全员心态

企业文化建设是人的工程，所有文化理念体系最终都是要由企业成员来践行、体现的。因此，当我们开展企业文化建设时，应广泛收集全体员工的意见与建议，并且在工作开展过程中发动全员积极参与文化建设项目，只有集众人之智，才能总结梳理出被全体员工认可的理念，最终形成企业全员共同的价值观。

3. 管理体系

企业文化体系是其管理体系的升华，在理念梳理过程中，应对原有的管理体系内容进行全面细致的总结反思，本着“取其精华，去其糟粕”的原则，对其进行继承和优化。

4. 沉淀的优秀文化

企业发展过程中，必然会形成一些适合自身发展的、约定俗成的经营理念与行为准则，将这些积淀的优秀文化传统总结提炼成文，可以为企业文化建设工作提供关键的素材与基础。

5. 战略发展阶段

企业文化建设项目要与时俱进，核心理念的梳理与总结要与企业当前所处的战略发展阶段相匹配，这样形成的文化体系才能符合企业的发展需要，成为企业健康发展的助力。

（二）外部影响因素

企业文化是企业所在国家与地区的社会文化的一部分，其文化特征必然受到所在区域社会文化的影响。

1. 地域特征

企业所在区域的政治、经济、文化差异，对于企业的运营发展有非常重要的影响，也必然引导企业文化的形成；在文化建设项目实施时，不能忽视地域特征，务必作为重要的参考因素应用到文化建设中。

2. 经营环境

企业的成长过程与人的成长过程极其相似，都会受到成长环境的影响。在企业经营中，这个环境指的是企业的经营环境，是企业健康发展的重要因素。

3. 行业特征

不同行业中，企业的经营逻辑不同，有着各自鲜明的行业特征，进行文化建设时，也要将行业考虑进来。

第二节 企业文化理念体系构成要素

文化是风俗、习惯，特别是舆论。

——卢梭《社会契约论》

企业文化理念体系是所有团队成员共享并传承给新成员的一套价值观、共同愿景、使命及思维方式。它代表了组织中被广泛接受的思维方式、道德观念和行为准则。

目前，企业文化理念体系的命名方法五花八门，如文化大纲、文化纲要、基本法、文化法典、文化宪章等。构成理念体系的各种要素也种类繁多，粗略统计，国内常见的有关企业文化理念要素的说法有 70 多种，基于实操原则，笔者就企业使命、企业愿景、价值观、企业精神、管理理念几个核心要素进行说明。

一、企业使命

腾讯的使命：用户为本，科技向善。

阿里巴巴的使命：让天下没有难做的生意。

拼多多的使命：为用户创造价值，满足最广大人民群众的需求。

小米的使命：始终坚持做感动人心、价格厚道的好产品。

中石油的使命：奉献能源，创造和谐。

迪士尼的使命：让世界更加欢乐。

企业使命，是指企业在社会经济发展中应承担的角色和责任，也就是企业的根本性质和存在的理由。使命足以影响一个企业的成败，彼得·德鲁克基金会主席、著名领导力大师弗兰西斯女士认为：一个强有力的组织必须靠使命驱动。企业的使命不仅回答企业是做什么的，更重要的是为什么做，是企业终极意义的目标。崇高、明确、富有感召力的使命不仅为企业指明了方向，还使企业的每一位成员明确了工作的真正意义，激发出内心深处的动机。

二、企业愿景

小米的愿景：让每个人都享受科技的乐趣。

阿里巴巴的愿景：

（1）成为一家持续发展 102 年的公司。

（2）成为全球最大电子商务服务提供商。

（3）成为全球最佳雇主公司。

华为的愿景：丰富人们的沟通和生活。

中石化的愿景：建设成为人民满意、世界一流的能源化工公司。

中车集团的愿景：成为以轨道交通装备为核心，全球领先、跨国经营的一流企业集团。

万科的愿景：成为中国房地产行业的持续领跑者。

企业愿景是组织对自身在未来所能达到的一种状态的设计蓝图，阐述企业存在的最终目的，回答的是“到哪里去，目标是什么”的问题。企业愿景体现了企业家的立场和信仰，是基于企业最高管理者多年形成的人生信条与认知而产生的对企业未来的设想，它不断地激励着企业奋勇向前、拼搏向上。

三、价值观

海尔的价值观：

（1）是非观——以用户为是，以自己为非。

（2）发展观——创业精神和创新精神。

（3）利益观——人单合一双赢。

腾讯的价值观：正直、进取、合作、创新。

阿里巴巴的价值观：

（1）客户第一，员工第二，股东第三。

（2）因为信任，所以简单。

（3）唯一不变的是变化。

（4）今天最好的表现，是明天最低的要求。

（5）此时此刻，非我莫属。

（6）认真生活，快乐工作。

格力的价值观：少说空话、多干实事，质量第一、顾客满意，忠诚友善、勤奋进取，诚信经营、多方共赢，爱岗敬业、开拓创新，遵纪守法、廉洁奉公。

联想的价值观：成就客户、创业创新、精准求实、诚信正直。

企业的价值观，是组织文化的核心，是指企业在追求经营成功过程中所推崇的基本信念和奉行的目标，是企业领导者与员工判断事物的标准。价值观回答的是“怎么走，应该有什么样的做事准则和理念”的问题。价值观在内容上包含企业核心价值观、企业精神、管理理念、人才理念等。

四、企业精神

腾讯的企业精神：锐意进取，追求卓越。

海信的企业精神：敬人、敬业、创新、高效。

娃哈哈的企业精神：励精图治、艰苦奋斗、勇于开拓、自强不息。

企业精神是企业文化的核心，是经过精心培养而形成的企业成员群体的精神风貌，在整个企业文化中占据支配的地位。企业精神以价值观念为基础、以价值目标为动力，对企业经营哲学、管理制度、道德风尚、团体意识和企业形象起着决定性的作用。可以说，企业精神是企业的灵魂。

五、管理理念

企业在持续经营和长期发展的过程中，继承企业的优良传统，满足时代的要求，由企业家积极倡导，全体员工自觉实践，从而形成的代表企业信念、激发企业活力、推动企业生产经营的团体精神和行为规范。

六、案例：兖矿集团企业文化核心理念

兖矿集团是以煤炭、化工、装备制造、金融投资为主导产业的国有特大型能源企业，是我国唯一一家拥有境内外四地上市平台的煤炭企业。兖州矿区开发建设始于20世纪60年代末，1976年成立兖州矿务局，1999年5月成立兖矿集团，2015年成为山东省首批改建国有资本投资公司实体企业，2020年7月山东省委、省政府联合重组兖矿集团、山东能源集团2家省属重要骨干企业，组建成立山东能源集团有限公司。重组后的山东能源集团党委书记、董事长由兖矿集团原董事长李希勇担任，新集团资产总额6300多亿元，煤炭年产能近3亿吨。

兖矿集团的发展离不开企业文化的强力支撑，兖矿集团一直致力于将公司的管理制度与文化相结合，以企业文化为中心，整合企业发展，以在集团中形成共同的思想观念、团队意识、行为模式和价值观念来规范企业人员。

经过数十年不懈的努力，兖矿集团形成了完备的企业文化理念体系，笔者有幸参与企业文化建设，受益匪浅。希望大家可以通过此案例，对企业文化理念体系的建设有更清晰的认知。

兖矿集团企业文化理念体系：

使命：创造智慧动能，引领能源变革。

愿景：打造全球一流矿业集团和绿色能源服务商。

核心价值观：忠诚、担当、创新、开放、卓越。

忠诚：

以忠于职守之心，行忠于岗位忠于责之事；

以忠贞不渝之心，行忠于事业忠于企之事；

以精忠报国之心，行忠于国家忠于党之事。

担当：

以追求工作职责要求达标为目的而积极主动展开工作；

以追求岗位价值最大体现为目的而不遗余力展开工作；

以追求企业使命愿景实现为目的而不计得失展开工作。

创新：

为追求更好的工作效果而改善旧有操作方法；

为实现更高管理效能而改变原有管理模式；

为追求更大经营效益而改革固有经营模式。

开放：

当面对场景差异时，胸怀坦荡求同存异；

当面对新鲜事物时，吐故纳新学以致用；

当面对企业变革时，积极响应主动配合。

卓越：

以如何做得更好为出发点进行思考；

以可以做得更好为出发点开展行动；

以阶段成果与标杆进行比较并超出。

第三节　企业文化理念的 5 个来源

形成有企业个性的核心文化理念来源很多，一般性的来源，如民族传统文化精髓、当代社会文化精髓、国内外先进企业理念、企业领导的理念、企业员工的理念。了解这些来源的特征，可以让我们的企业文化核心理念梳理工作有的放矢，做出精准判断。

一、继承传统文化精髓

中华民族传统文化不但记录了中华民族和中国文化发生、演化的历史，而且这些世代相传的思维方式、价值观念、行为准则和风俗习惯，已经渗透在每个中国人的血脉中，约束着中国人的行为方式和思维方式。

在探索中国企业的企业文化建设时，我们应当积极发掘传统文化中进步的、民主的和科学的要素，弘扬先进、摒弃落后、汲取精华、去其糟粕，以与时俱进的现代精神对传统文化中合理的因素加以改造，传承和弘扬优秀的传统，塑造和建设先进的企业文化。如“自强不息”的精神，《易经》云：“天行健，君子以自强不息。”《论语》亦云：“士不可以不弘毅，任重而道远。仁以为己任，不亦重乎，死而后已，不亦远乎！”“不断创新”的理念，创新理念可以追溯到中国传统文化的权变思想，是中国传统兵家谋略思想的重要组成部分，它强调事物的不断变化，人们应该根据事物的变化，善于审时度势，把握时机，因地制宜。

二、吸收当代社会文化

企业文化是社会文化的组成部分，企业文化是在社会文化的浇灌下成长起来的，社会文化中的积极因素应该是企业文化的来源之一。在实际选取社会文化因素的过程中，不能盲目跟风，应从社会文化中选取具有持久性的文化因素，否则提炼出来的理念也不会持久。

三、借鉴国内外先进企业理念

提炼企业文化理念时，可参考国内外先进企业的文化理念，学习这些企业理念的表达方式和阐述的角度，参考国外先进企业的理念也要考虑国情和商业环境，切记不要照搬照抄。

四、企业领导的理念

企业领导的理念一定程度上决定了企业的理念。所以，在企业文化理念提炼过程中，要充分考虑和挖掘企业领导的理念。

五、企业员工的理念

充分了解员工的价值观、思维模式、世界观等是梳理企业文化的一个关键步骤，只有结合企业员工的理念现实情况，才能提炼出符合实际情况的理念，最后形成的理念也能被员工理解和接受。提炼方法有调查问卷、专题研讨、头脑风暴等。

第四节　企业文化理念体系的梳理

企业文化理念体系，只有系统地整合与管理并落地实施，形成组织成员共同的、特定的思维方式、认知态度、行为方式和信念意志，才能驱动组织变革，推动战略目标实现，形成企业不可复制的核心竞争力。

一、梳理的意义

企业文化作为企业软实力的源泉，作为企业持续健康成长的内在力量，系统性梳理的意义在于很好地回答如下几个问题：

——在战略执行过程中，全体成员共同的、特定的思维和行为方式是什么？

——围绕战略执行，组织全体成员共同的能量和士气是什么？

——指导企业全体成员如何做事、共同的价值观是什么？

——企业全体成员共同的使命信仰、共同的信念是什么？

——判断是非、处理内外矛盾关系坚持的标准、原则与立场是什么？

——对未来发展、对相关利益攸关者做出的正确经营假设是什么？

——形成组织整体的协同力、凝聚力的共识点、共同的语言系统是什么？

——全体组织成员共同持有的价值意识形态、行为规范体系是什么？

——全体组织成员内在的心理约束、组织承诺共同的心理契约是什么？

——全体组织成员对组织的认同、信赖，共同的心灵依托是什么？

企业文化理念体系的梳理是企业文化建设的第一阶段起步性工作，

万事开头难，企业文化理念体系的梳理及这个过程就显得特别重要。所以，必须切合实际，避免出现方向性的偏移。基于对企业文化正确的、深度的理解，我们才能更好地梳理出符合公司发展、符合组织战略、符合业务特质的企业文化理念体系。

二、3 个基本问题与 3 个基本点

企业文化作为企业的软实力，必须有竞争力。要打造有竞争力的企业文化理念体系，必须在思考 3 个问题的同时，满足 3 个基本点。

1. 要回答的 3 个基本问题

（1）我们为什么会成功？我们过去成功的根源和方式是什么？把这种规律性的经验总结出来。

（2）在过去成功的要素中，哪些是持续成功的有利因素，哪些又会成为障碍？在未来的发展中，我们面临什么样的机会？

（3）我们未来的成功靠什么？我们的哪些文化要继承？哪些要创新？面临市场竞争的压力，战略上要有明确的导向，组织上要优化管理中的不足，发挥企业管理的灵活性，完成组织和人力资源管理的转型，企业发展进入新的历史阶段时，我们如何进行文化的继承与创新？

2. 建设企业文化的 3 个基本点

（1）基于对企业的发展历史与发展阶段的深刻理解与系统认知。

（2）基于感知时代与环境对企业提出的挑战与机会，避免历史的成功导致未来的失败。

（3）基于企业的可持续发展，即企业战略。

三、梳理的 4 大方法

怎样梳理确定企业需要什么样的文化理念体系？如何破解“万事开头难”这个难题？如何在企业文化理念体系梳理阶段就起到企业文化的初步推动作用？笔者认为，可以从如下几个方面开展工作：

1. 对接业务、导向战略

企业需要什么样的企业文化理念体系不能片面地由老板决定，应由

企业的战略和业务来决定。战略是组织对未来发展做出的前瞻性布局，强有力的战略执行和实现是保证组织商业成功的控制要素。通俗地讲，战略是企业对未来怎么赚钱做的前瞻性布局。所以，笔者认为，企业文化理念体系的梳理要围绕战略及保障战略执行中的业务诉求进行落实，从而发挥文化对战略的驱动作用。

但老板作为企业各项业务的最高统筹者与决策者，企业文化的落地实施更需要老板的推动。所以，老板要参与整个理念体系梳理，并且老板的想法和意见要作为企业文化理念体系梳理的重要参考，最后梳理出的企业文化理念体系，也需要老板确认并对此高度认同。

2. 领导推动、全员参与

企业文化工作领导的推动十分重要。举个笔者之前实操的项目案例，某生鲜电商的企业文化建设就是由其董事长提出的，在项目实施过程中，董事长组织了中高层管理人员一起参与项目论证，讨论组织应该有什么样的价值观，这一点难能可贵，有领导支持的企业文化工作才具备推进效力。

与此同时，企业文化理念体系的梳理，笔者建议企业尽量做到全员参与，特别是组织中高层管理人员参与。

笔者以前开展企业文化咨询项目的时候，是通过以下几个步骤实现“领导推动、全员参与”的：

（1）项目公告：成立企业文化推进的三级管理机构，企业老板任组长，所有高管组成企业文化推行决策委员会，各部门作为企业文化推进的执行机构，并以公文形式向公司全员公示告知。

（2）广泛征集：根据企业文化诊断报告的情况，通过网络问卷和专题研讨访谈的形式征集企业文化理念，形成理念体系初稿。

（3）高层引导：通过召开企业文化中高管研讨策略会，上半场主要讲《企业文化诊断报告》，让中高层管理人员了解什么是企业文化、什么是企业文化管理；下半场主要通过行动学习的方式，引导中高层管理人员系统性、体系性、洞察性、深度性地对自身企业文化理念体系做出思考。

（4）全员参与：在中高管达成广泛共识的基础上，在组织内部再次向全体员工征集企业文化理念体系的梳理意见，虽然员工的意见参考意义不大，但员工参与可以起到很好的宣传作用，可以激发员工的主人翁精神，也为后续的企业文化深入落地实施做好铺垫。

（5）梳理确认：在基于中高管和全体员工的参与下，结合《企业文化诊断报告》、企业文化专业知识，深入梳理、提炼企业文化理念体系，并最终提交确认（在确认阶段也可以再讨论、再共识）。

在企业文化理念体系梳理阶段的全员参与，特别是中高层管理人员的参与很必要。一来全员群策群力，能贡献集体的智慧，而且执行部门的意见对理念形成具有非常重要的参考意义（自己说的，更愿意主动去做）；二来全员参与能为后期企业文化的落地实施做好思想铺垫。

3. 借助外脑、专业力量

企业文化理念体系是企业文化建设的本源性纲领，其梳理阶段也是企业文化落地实施的第一步，企业往往缺乏具有企业文化建设方面深度和系统知识储备的员工，即使有也在层级上有沟通障碍。所以，在这个阶段，外部力量的作用不可忽视，请外部力量很有必要。

4. 明确路径、活用工具

（1）企业文化建设路径示意图，如图 2－3 所示。

本路径提供了企业文化建设中进行文化理念梳理的基本思路，可以让企业文化工作者按图索骥，有效快速地抓住企业文化理念体系的脉络，顺利推进文化建设项目的落地。

（2）企业个性分析模型，如图 2－4 所示。

作为全方位立体化的分析模型，企业个性分析模型可以从较为全面

图 2－3　企业文化建设路径示意图

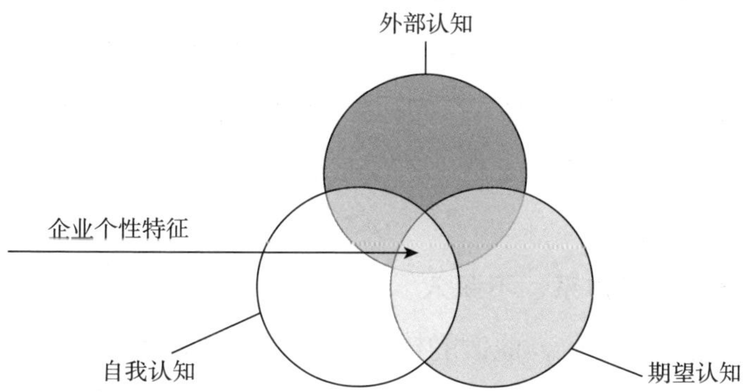

图 2－4　企业个性分析模型

的角度深度挖掘企业自身的文化特性，找出可以得到企业内部、外部及未来期望共同认可的，可以代表企业突出特点的文化特征，对文化建设工作的展开奠定良好的基础。

四、梳理常见的 4 个误区

成功的经验各不相同，但失败的原因却有规律，笔者将在企业文化咨询项目中遇到的一些常见问题和误区进行汇总说明，引起企业文化从业者的警示。

1. 认为企业文化就是老板文化

这个观点比较片面，如果碰到任正非、马云这样的老板，可以说是老板文化，但现实情况是很多老板是业务出身，不太懂管理。例如某银行的行长这样描述他们的企业文化："行里有员工结婚、生小孩，我们都会慰问，领导还会参加婚宴、做证婚人等，你看，我们银行的文化应该很好。"我们只能说，这家银行有一定的员工福利关怀机制，这个领导很关心人。但员工关爱机制仅仅是企业文化外层延伸的一部分，不是企业文化最核心的内容。如果这个时候我们说老板文化就是企业文化，那就会做歪、走偏。

2. 认为请文笔好的写出来就行

不可否认，良好的文字、文学功底是从事企业文化工作必备的素养。但如果请的文笔好却不懂管理的人写企业文化理念，那写出来的只是"看起来很有文化"，但这真的适配企业战略吗？真的适合组织未来发展的需要吗？能实现基于战略的深度性、洞察性、体系性的思考吗？答案肯定是否定的。

3. 不全面、不体系、不深入

以前见过一些企业，他们的核心价值观是"厚德载物、仁者爱人""开放争先、共创共赢""诚信、仁义"等。这样的价值观适用于任何企业，但都不够深入，没有对企业文化追根溯源的认识，没有特色，就是因为提出者不了解企业文化本质，导致价值观的内容太宽泛。

4. 不集体讨论，不征求意见

我们说企业文化理念体系是企业中高层管理人员的共识，是企业基于战略框架下做出的特定思维和行为方式，更是指导组织成员如何做事的共同价值观。如果没有讨论，创作出来的企业文化理念体系即使很对，但在后期企业文化落地实施的过程中仍会出现不理解、不好推的情况。所以，建议在企业文化理念体系梳理提炼阶段就让全体员工参与进来，特别是中高层管理人员一定要参与进来。

五、新时期的新理念和新模式

1. 以文宣为主体的工作路线

宣传工作是企业文化建设项目贯穿始终的必要环节，是整个项目实施成功的关键，在新时期企业文化宣贯工作的原则是：以理念文案为核心，以培训说教为主体，以标杆人物为素材，以统一认识口径为工作目的。这部分工作通常与企业的整体文化宣贯工作相结合。

2. 以活动为主线的工作方法

丰富多彩的企业文化活动是传达文化理念的重要载体，在企业落地实施企业文化项目、举办推广活动的要点为：以员工体验为圆心，以团队氛围为目的，通过各种体验性、仪式性的团建活动，疏解员工压力，启发员工认识、增强团队凝聚力，开发群体心理资本。

3. 以考核为抓手的工作思路

有效而富有针对性的考核是文化建设不出偏差的保证，以考核促企业文化的理念、要点尽快在企业中被全员理解和掌握，推动全新的企业文化在企业中快速落地。考核思路如下：摒弃务虚和软弱的文化管理假动作、以行为绩效考核为核心、以干部管理为枢纽、以文化综合考评为归结，下指标、上手段，使得文化管理可衡量、可控制、可奖惩。

4. 以共识为目标的工作理念

贵和尚中是我国传统文化的重要理念，而这一点也应该在企业文化建设中得到体现，在具体实施中应该做到：以战略需要为导向，以尊重人性为前提，从组织出发到员工处罚，将企业理念变成理性的、真实的共识，将企业需求与员工意愿有机统一起来，将企业文化与日常工作有机统一起来。

六、体系设计的“三学一体”

所谓“三学一体”，是指在企业文化建设中，应该有机整合科学方法、哲学思想与文学手段，帮助企业有效寻找与定位自己的独特语言，准确描述企业内在的文化自信和文化情怀，这是进行企业文化理念设计的关键方法论，是“知、意、情”合一的工作方法。

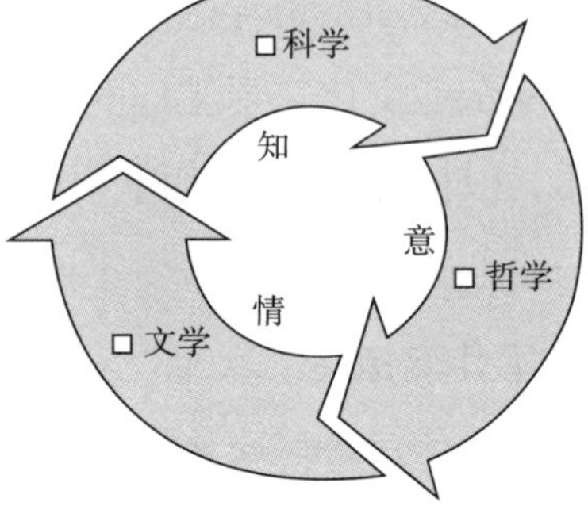

图 2－5　“知、意、情”合一的工作方法

1. 科学方法

科学方法：是指在设计企业的文化理念体系时，应秉承“知行合一”的精神，将企业对文化理念的认知理解与企业的切身实际按照事物发生发展的规律科学整合，以求能准确描述企业的正确理念。应用科学方法梳理的企业理念，应达成以下目标：符合企业及行业规律，符合企业未来战略的需要，符合企业决策层的意图，符合“85 后”“90 后”主流人群的要求。常见理念有：辛苦理应得到回报、贡献理应得到表彰、成绩理应得到肯定、鼓励尝试容忍失败等。

2. 哲学思想

在利用科学方法梳理总结出符合企业情况的正确理念的基础上，企业文化建设者应将其进一步提炼升华到对企业使命与目标的哲学思考上，以辩证的眼光洞见商业和人性的深层本质，以求更加深刻地挖掘与整理企业经营管理的价值观与方法论。这种哲学思辨的层面与内容如下：

商业规则：竞合与生态

商业伦理：公平与效率

组织逻辑：忠诚与自由

人性假设：控制与倡导

领导关系：激励与感召

情感动机：欲望与情绪

人际模式：理性与包容

3. 文学手段

用科学方法梳理总结准确的企业理念，并且对其合理性与价值归属进行了哲学思辨后，需要将文化理念体系以更加精准且易于大众理解的语言表述出来。在实际操作中，首先让企业中参与梳理的关键人员根据自身的理解，以自己的语言将其讲述出来，在此基础上加工、整理后，以体系化的文字表达出来，最基本的要求是传情达意。在对理念体系进行文字化梳理时，应该注意对遣词达意的格调把握，文字表述应该兼顾词雅与意俗，发挥出理念体系的真正价值。

七、案例：企业文化理念征集问卷

××集团企业文化理念征集问卷

为进一步推动集团企业文化建设，形成符合集团特色的企业文化体系，现开展对集团企业文化理念的征集，请将你认为最贴切最能代表的一句话或一个词写在每个条目后面，望大家积极参与并发挥创新才智，并请你填写完毕后在 20××年××月××日××：××前，将问卷交××××部××（邮箱：____________电话：____________）。

姓名：____部门（单位）：____________

（1）你认为集团的企业愿景应该是：

（2）你认为集团的企业使命应该是：

（3）你认为集团的核心价值观应该是：

（4）你认为集团的企业精神应该是：

（5）你认为集团的经营理念应该是：

（6）你认为集团的管理理念应该是：

（7）你认为集团的人才理念应该是：

（8）你认为集团的学习理念应该是：

（9）你认为集团的环保理念应该是：

（10）你认为集团的质量理念应该是：

（11）你认为集团的安全理念应该是：

（12）请你写一句集团品牌宣传语：

（13）你认为集团企业文化定位是一种文化。

（释义："企业文化定位"是对企业文化的个性把握和特征描述，彰显企业文化的个性化特征，类似"企业的第一性格特点"，如中建八局定位"铁军文化"、大唐集团定位"同心文化"。）

征集问卷发放说明：

征集时间：20××年____月____日（周____）下午前回收

征集方式：电子版

征集范围：集团各部门正副职（含）以上管理人员；二级单位部门正副职（含）以上管理人员；集团和二级单位企业文化相关部门（如企业文化部、人力资源部、办公室等）全体人员。

本章小结：本章内容为大家系统性地介绍企业文化核心理念体系框架建设的全过程，相关内容都是笔者的实战经验积累，相关方法及结论在实操中可以直接使用。但是鉴于此项工作内容复杂，对于执行人的复合型能力要求较高，在实操中建议团队或借助外部专家，或咨询机构执行。

第三章

践行：企业文化实施落地的流程及措施

理论所不能解决的那些疑难，实践会给你解决。

——德国哲学家 费尔巴哈

企业文化是虚的东西，如何把它做实？怎样把企业及领导的意图转化到中层领导，再层层落实到基层，形成企业全体员工的价值共识与行动纲领？这就是本章需要解决的问题。

第一节　6 大落地流程

随着时代的变化与发展，文化落地也要与时俱进，实施需要企业全体人员共同参与，实施成功与否的关键不是看“60 后”“70 后”，而是要看能否从“85 后”“90 后”的视角推进，要看能否从共享、共赢、共创的角度推动文化落地。

企业文化理念体系的落地，应确保全新的企业文化精神理念、企业的战略目标与相关的规章制度、准则能够准确、及时地传达到每个部门与员工，并组织大家展开对企业文化理念体系内容的学习，宣贯强调企业文化建设工作的重要性，提高全体员工的参与意识；促进全新体系快速成为全体人员共同的行为准则，打造在统一企业文化理念体系指导下的全新企业经营氛围与外部形象。

推进企业文化理念体系实施落地工作之初，就要对文化建设的阶段性目标、实现方法、组织管理机制等进行规划与设计，保证企业文化理念体系的顺利落地与实施。

在文化实施落地阶段，相关工作包括以下六大部分：

（1）系统规划：明确工作内容及计划，为工作定调。

（2）组织保障：建立保障体系，保证项目顺利落地实施。

（3）培训推广：完善培训推广体系，建立内外部良好的企业形象。

（4）制度保障：领导以身作则、率先垂范，形成制度保障。

（5）文化考核：价值观考核，将文化基因植入全员内心。

（6）评估/改进：与时俱进，建立不断发展的企业文化体系。

以上六大部分是保证企业文化理念体系建设得以顺利实施的关键，必须引起企业高层领导的高度重视与全力支持，只有这些工作内容得以落实，才能使企业文化理念体系不会沦为空泛的表面文章，发挥企业文化理念体系的战略级作用。

第二节　系统规划

在文化实施落地工作正式开展前，企业文化部门应会同企业领导对于前期企业文化建设的工作成果进行评估与论证，从理论角度判断文化理念体系的完整性，从实用角度判断前期工作成果的有效性。主要工作内容如下：

一、成果的评估与实施论证

召开企业文化建设项目评估论证会，对项目前期的企业文化诊断与文化理念体系建设的成果进行细致深入的评估，评判项目的前期成果是否符合项目初期制定的整体目标、最终形成的理念体系是否符合本企业的实际情况与发展需要、全体员工对全新理念体系的认可程度等。

在对项目成果评估的基础上，进一步论证企业文化建设下一步在企业内的文化建设规划和推广实施计划的可行性，丰富、细化企业文化实施落地的阶段性目标，并对每个阶段所要达成的工作成果，以及工作成果的检验方式进行详细的设计，确保每个企业文化建设工作的参与人员都对要达成的成果目标明确清晰。

二、编制落地组织体系方案

针对文化实施落地的目标，制定全企业层面的组织体系实施方案。

该方案要涵盖公司的所有运营机构，涵盖文化研究和推广的全过程，兼顾内部宣传与外部形象建设的整体需要。

方案的编制应尽可能详尽，企业文化管理部门应与公司内各个机构部门形成有效的对接，请他们共同参与方案编制。

对于每个目标阶段的关键举措应进行全面细致的分析与预判，工作组应与各部门保持高频率的对接，沟通方案计划内容，反复修改确认，确保各部门了解各自在文化实施落地工作中应尽的职责，最终形成公司全员协同合力的可实施的有效方案。

三、阶段性成果

系统规划工作完成后将最终形成《××××公司企业文化建设实施规划》，这份规划将作为整个企业文化实施落地的指导性方案，应由公司最高领导层审批确认并批准实施，并要求各级运营机构全力配合项目的开展。

《××××公司企业文化建设实施规划》框架示例

《××××公司企业文化建设计划及实施落地方案》

一、企业文化建设计划实施的目的

二、企业文化建设实施的原则

1. 持续性原则

2. 一致性原则

3. 系统性原则

三、文化建设中不同员工的角色定位

1. 高层领导

2. 中层管理

3. 基层员工

四、文化建设实施的阶段性目标

（一）第一阶段（××××年××月至××月）

1. 行动计划

2. 行动计划注意事项

3. 责任人

（二）第二阶段（××××年××月至××月）

1. 行动计划

2. 责任人

（三）第三阶段（××××年××月至××月）

1. 行动计划

2. 责任人

五、文化传播

（一）文化培训和交流

1. 新员工的文化培训

2. 主题交流活动

3. 成果固化

4. 实施时间

（二）典型示范

1. 典型塑造的原则

2. 典型的类型

3. 典型的主题

4. 典型的推广

5. 典型的奖励

（三）典礼仪式

1. 典礼和仪式的作用

2. 典礼和仪式的主要形式

（四）文化故事编辑

1. 故事更新的周期

2. 故事编辑

3. 故事编辑的主要工作

4. 选择若干故事在月刊发表

（五）文体活动

1. 文体活动的原则

2. 文体活动的类型

3. 活动时间

（六）员工沟通

总经理信箱：

（1）对象

（2）意义

（3）信箱管理

（4）信箱管理员的职责

（七）中层管理分享会

1. 由人力资源部门组织，交流经验、互通信息，以内部学习分享成功经验的机制为目的，每季度一次

2. 活动流程

六、保证措施

1. 认识到位

2. 制度到位

3. 教育到位

七、总结

本部分工作的意义在于为所有参与企业文化建设的部门和员工建立明确的工作目标，有助于各部门为文化实施落地工作的进一步开展指明方向，确保项目的顺利实施。

第三节　组织保障

有了明确而清晰的系统规划后，一套严密的组织保障体系就成为文化实施落地成功的关键要素。因此，尽快完成企业文化实施落地工作的组织保障体系搭建，建立一套强有力的文化建设网络，就是本部分工作的目标。

一、组织保障体系建设

作为企业的战略级工作，应要求全员知晓与确认，并结合文化实施系统规划，制定文化建设的组织体系方案，将企业总部和所有分子公司的所有部门纳入其中，形成强有力的组织保障体系。

组织保障体系的功能设计，要涵盖企业文化研究、建设和推广的全过程，确保组织能够在项目实施中提供全流程的支持和保障。

在覆盖范围上，组织保障体系应该涵盖企业文化的内部宣传与外部形象建设两大层面，这样才能打造内外如一的、立体的、全新的企业文化形象。

二、明确工作分工与考核机制

要明确各级文化建设组织和文化管理人员（兼职或专职）的责任、权力和工作模式，形成责权利清晰的分工体系。

结合企业文化实施落地的目标，按照系统规划要求制定保障体系的考核办法，根据文化管理人员的责任分工制定相应的考核要求，同时把相关文化管理人员的工作成果纳入考核。

三、制定文化建设与企业内部推广方案

推广方案的制定应以实用可操作为基本要求，在方案中应严格根据系统规划的阶段性目标制订计划，目标明确、条理清晰。

在方案中，应该充分考虑各个方面的实际需要，针对不同对象，以及实际操作中出现的各种可能性，制定不同的推广传播方案及预案。

应明确文化建设的成果形式，以及对相应成果完成情况的检验方式，并将相关工作内容责任到人，制定相应的考核办法。

四、阶段性成果

本部分的工作成果为《××××企业文化建设组织管理体系、工作细则与考核办法》，作为系统可执行、可操作的组织管理体系管理办法与工作方案。在实际操作过程中，应尽可能与公司的所有部门及各层级员工进行深入、切合实际需要的沟通，最终形成权责明晰、责任到人的高效严谨的组织保障体系，完成文化建设网络的搭建。

第四节　培训推广

在完成了对文化实施落地的系统规划和组织保障体系的建设后，实施落地工作就进入实际操作阶段，即对前期设计完成的企业文化理念体系在组织内部开展宣贯培训，并着手推动对外的企业形象打造与传播工作。卓有成效的企业文化培训和企业形象推广，是成功建立内外如一的企业文化理念体系的基础。

一、企业文化培训推广体系的建设

根据前期企业文化建设工作的成果，准备第一轮企业文化推广的培训教材、宣传资料及推广文案等。

根据培训教材制订企业文化的培训计划，编写培训课程教案，设计企业文化培训的课程形式与授课安排。

组建企业文化推广讲师团，按照培训计划的要求组织讲师团成员，编制完成《文化推广讲师团工作细则》《企业文化考核试题库》，对讲师进行系统的培训和认证。

成立企业文化推广组，制订企业文化对外宣传推广的目标与计划，设计宣传推广的形式与推广方案，确定推广预算，并着手准备相关的材料与物料。

根据培训与宣传推广的需要，设计组织各类宣传推广与培训活动，规划设计各类宣传推广渠道，开发制作各种宣传与推广必需的宣传资料。

二、培训推广的意义及注意事项

企业文化培训推广是全方位的，实施中要注重采用多种多样的方式，如培训、演讲、辩论、书画、活动、仪式等，生动个性的企业文化研讨，既有助于促进员工对企业价值观的认知和认同，又有助于强化内部沟通，形成沟通习惯和氛围。

在培训推广的方案制定与实施中，要注重发挥企业领导者和企业"典型人物"的楷模力量和示范作用，树立代表模范的带头作用，有力推动企业文化理念体系的落地实施。

企业文化的推广与宣贯应形成强大的舆论环境，在企业内部应以高频次、高强度、高密集度的企业文化宣贯手段，形成对全员的"精神灌输"，实现企业文化理念体系的有效传达；对外的企业形象打造，应充分发挥企业文化管理部门的能动性，调动一切可以利用的资源将全新的企业文化理念体系有效地传达出去。

培训和宣传推广相关材料的准备应该能创造出企业专有的文化氛围，充分利用各种丰富多样的载体形式，如旗帜、网站、卡片、手册或图案设计等，扩大良好氛围对全员的影响。

三、本部分的工作成果

企业文化培训相关：《企业文化理念体系培训教材》《企业文化推广讲师团工作细则》《企业文化考核试题库》、企业文化内部宣贯材料（海报、标语、宣传橱窗、企业文化手册等）。

企业文化宣传推广相关：企业 CIS 系统、《企业文化宣传手册》《企业宣传片》《企业网站》《企业文化媒体宣传计划》等。

企业文化的培训和推广是整个企业文化实施落地工作的重中之重。

可以说，之前的系统规划、组织保障，乃至前期的企业文化诊断和企业文化理念体系的建设，最终都是为这部分企业文化的内部培训和对外宣传推广工作做准备，本部分工作成果的优劣直接代表了本次企业文化建设项目的成功与否。因此，在企业文化建设的实际工作中，本部分的工作内容务必要得到企业最高领导层的全力支持，这将直接决定企业文化建设工作的整体走向。

第五节　制度保障

企业文化的实施落地需要专门的制度保障，实施过程的制度审计与修订是文化实施过程中的重要步骤。这部分工作实施过程除了企业自身组建专门的机构执行外，还可以向外借助相关的咨询顾问机构的支持来实施。

一、4 个实施办法

（1）企业文化建设往往会一阵风来、一阵风去，成为“为文化而文化”的面子工程。究其原因，相关考核标准不清晰，可操作性不高。因此，要把每一项考核落到实处，自上而下地贯彻实施，最终将企业文化理念强化为日常行为及行动。

（2）制度保障办法的制定与实施，可以将企业员工基于不同的分类方法进行设计。首先，可以根据分层分类的原则，将员工划分为高层干部、中层干部、基层干部和员工四个层次；其次，可以根据工作性质的不同，将员工划分为前端、后端、中台三大类别；最后，可以根据业务内容的不同，将一线的员工划分为若干领域。

（3）企业文化制度保障的一般行为规范包括企业文化概述、企业底线、公司资产、保密、报告与沟通、工作关系、商务活动、客户关系、竞争关系、利益冲突、个人隐私、意见发表等。

（4）基于上述划分，针对不同的职务类别与行为规范，在制定保障制度的过程中，企业文化管理部门应会同企业各个机构的负责人，进行工作分析和讨论，明确企业文化在这一业务领域的具体行为要求是什么，并将上述行为要求整理成各种行为规范与评价标准，并将其作为价值观评价的依据，作为企业文化教育的行为标杆教材。

二、3 条相关建议

（1）企业领导者应该在文化理念体系的实施落地过程中率先垂范，带头践行企业文化理念提倡的行为规范与价值观，遵守企业的各项规章制度。领导干部的示范带头作用，可以向员工传达言行一致的信息，使得员工对企业的文化理念建立信任，上下一心。

（2）对于可以模范践行企业文化的公司员工，应该予以相应的表扬、表彰、嘉奖乃至职级晋升，这样可以在企业中营造积极向上的工作氛围，可以在员工心中树立对企业制度的信任，使得员工对获得组织的肯定建立积极意识，自动自觉地践行企业文化理念。

（3）在企业文化实施落地过程中，要通过不断地进行制度审计，修订强化企业文化共识，增进企业文化理念的刚性，增强企业文化的生命力。

三、实施制度保障的意义

（1）企业文化理念的有效落地实施，可以不断优化企业的管理模式，提升企业的运营效率，改善企业的经营效果。

（2）优秀的企业文化理念体系，可以改进企业的人力管理制度，提高员工对企业的满意度。

（3）企业文化得到良好践行的企业，可以有效改善员工的客户服务质量，提高客户对企业的满意度。

（4）对于企业各部门制定的相应的行为考核标准，以及明确的企业文化实施的奖惩机制，可以有效激励员工践行企业文化倡导的行为，推动企业文化更好地落地实施。

有效的制度保障，是建立企业对内对外立信立言的重要辅助手段，有助于打造企业内外一致、企业管理者言行如一的形象；对于企业文化建设工作的实施落地具有非常重要的作用和支持意义，应该放到企业的战略高度，制定出切实可行的保障制度。

第六节　活动执行与文化考核

一、企业文化活动执行

企业文化理念体系建立后的实施，将是一个伴随企业整个生命周期的持续过程，这个过程中最有效的手段就是企业文化活动，通过活动可有效传达企业文化理念体系的精髓，对内将企业的文化价值观深化和内化为员工的心理契约，对外则能有效展现企业的文化理念与企业形象。有力的活动执行是企业文化成功实施的重要保障。

在企业文化建设初期，作为重要的战略级任务，企业文化活动应以高频率与强力度推动企业文化理念的快速传达与普及，加速其在企业内部实现全员统一认知，在内部和外部快速建立企业的形象和影响力。随着企业文化建设的逐步深入，持续的企业文化活动要逐渐与企业正常的生产经营活动实现融合，最终成为企业生产生活行为中不可缺少的一部分。企业文化活动在开展过程中，各级部门应严格根据企业文化制度保障体系的规则要求予以认真配合与执行。

二、企业文化考核

（一）文化考核的基本特点与架构

企业文化建设在公司内部推行的目标是将所有的理念体系内容，深化和内化为所有员工的心理契约和行为准则，变成每个人自觉践行的行为习惯。这种习惯的养成，需要以严格而细致的文化考核来对所有人进行行为评价和制度规约，推动全员共同价值观的养成。而在所有的价值评价和考核中，对于成员价值观的考核是整个考核体系中非常重要的组成部分，而价值观考核又因其特殊性具有不易量化的特点。

对于企业成员价值观的评价一般以季度为单位，采用标杆评价法，将不同的行为标杆赋予不同的分值，根据员工的表现，由评价小组进行综合评分；评分结果纳入考核成绩，TOP10 的员工和干部将得到适当的奖励；员工的企业文化及价值观考核评价工作要与企业的常规考核工作相结合，共同组成保障企业正常运转的综合考评体系。

（二）企业文化考核的实施办法

企业文化建设近年来在企业实践中大行其道，尤其是生存无忧的企业，不管是从管理逻辑上还是从企业发展路径上都必须对组织文化进行重新思考和梳理。目前国内大多数企业在企业文化操作中的重点是文化的梳理、建立、传播等环节，能够真正做到企业文化考核的并不多，所以企业文化考核方面系统和成熟的方法论很少。因为在企业文化梳理这个环节存在太多的不确定因素，所以企业文化考核的内容及形式就很纠结。笔者根据多年的企业文化管理咨询经验，将企业文化考核分为考核方式、指标体系、激励内容三个方面。

在进行企业文化考核前，先对组织情况进行考量，思考路径如图 3－1 所示。

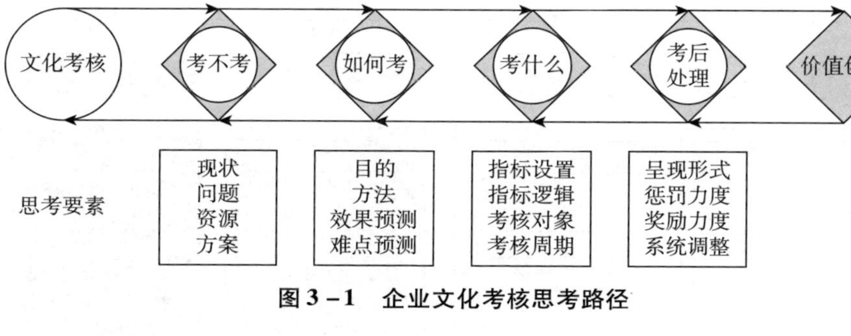

图 3－1　企业文化考核思考路径

思考成熟后，确定企业文化的考核方式，目前国内主要有两种考核方式：

1. 三阶段式：此方法主要以文化建设的时间过程为基础

（1）初级阶段主要适用于企业文化建设的初期，企业文化架构体

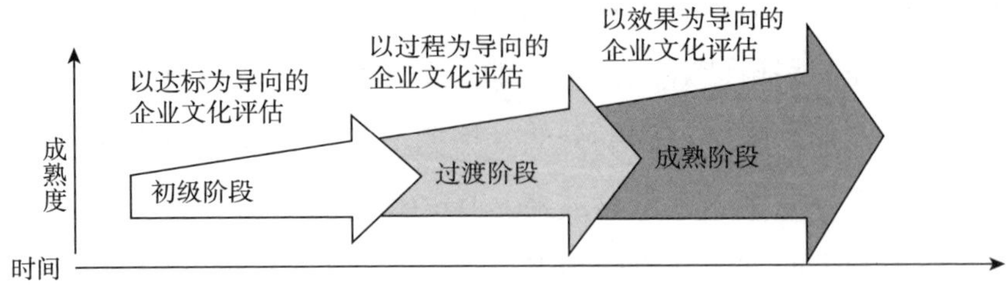

图 3－2　三阶段式考核

系尚未建立组织；考核内容包括企业文化规划、工作计划和组织实施等资料；企业文化手册、员工行为手册、企业 VI 手册和企业宣传片、企业文化环境布置等。

（2）过渡阶段主要适用于企业文化建立体系之后，需要建立企业文化传播和落实体系，开展一系列宣贯活动；考核内容包括员工培训、案例征集、演讲比赛、团队活动等，以及各个单位参加文化活动的人数、频率、学习效果。

（3）成熟阶段主要适用于企业文化架构体系和传播体系建立之后，重心转到效果评估方面；考核内容包括员工的价值认同度、员工敬业度、客户忠诚度等，考察部门及部门负责人。

2. 功能过程评价法

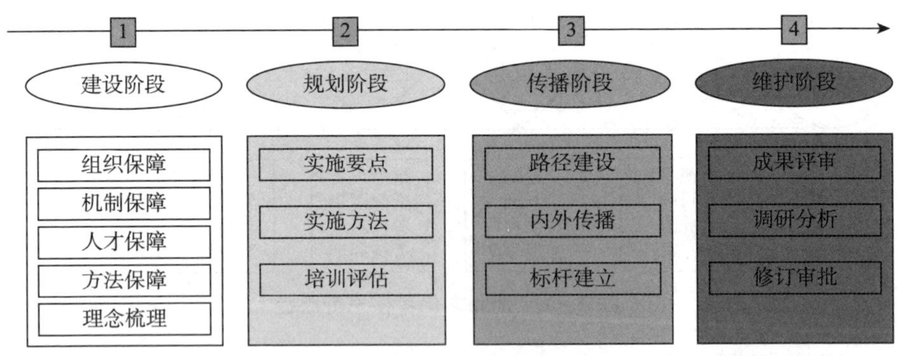

图 3－3　功能过程评价法

这种评价考核方法比较系统，实施效果也比较好，但对每个环节的节点要求高，对于企业内部操作人员的专业素养和实操能力有一定的挑战。

（三）企业文化考核的指标体系

1. 基本框架与内容

企业文化建设评价指标体系以企业文化建设理念体系、企业文化建设运行体系、企业文化建设效果体系作为 3 个一级指标，在 3 个一级指标下，设置 8 个二级指标。其中，企业文化建设理念体系包含企业文化建设的指导理念、企业文化建设的价值理念、企业文化建设的功能理念 3 个二级指标；企业文化建设运行体系包含企业文化建设的工作内容体系、企业文化建设的主体系统、企业文化建设的支持系统 3 个二级指标；企业文化建设效果体系包含内部效果、外部效果 2 个二级指标。在 2 级指标下再设置 29 个三级指标和 80 项具体指标内容。

2. 使用说明

为了使考核能够准确进行，我们针对每个指标进行了详细说明，包括计算方法、评价标准等。如表 3 – 1 所示。

表 3 – 1　考核说明

考核维度	一级指标	二级指标	指标说明	指标公式	计分方法	数据来源
企业文化体系建设状况评价指标	精神文化	明确企业使命				
		确立企业愿景				
		确立企业价值观				
		确立企业精神				
	制度文化	企业规章制度健全				
		建立完善员工岗位责任制				
		岗位数量				
		印发员工手册				
		制定新闻危机处理应急预案				
		建立新闻发布制度				

续表

考核维度	一级指标	二级指标	指标说明	指标公式	计分方法	数据来源
企业文化体系建设状况评价指标	物质文化	建立视觉识别系统				
		制定视觉识别系统的使用规定				
		全系统企业标识使用规范				
		制定员工行为规范				
		发布企业社会责任报				

（四）激励内容

激励的原则：企业文化考核完毕后，对于结果如何处理，也是很见功力的一个环节。为了在企业文化建设最终环节上达成效果，我们制定了四个原则：

（1）快：结果出来后，反馈要快，不要拖延太长时间，否则会影响激励效果。

（2）见：一定要面对面反馈结果，可以辅以文件的形式沟通。

（3）深：在面对反馈时，一定要进行深度沟通，而不是走形式。

（4）匀：在对优秀单位或个人奖励时，一定要在物质激励、精神激励两大类品种中进行适度选择，不能只偏重任何一种形式，更不能为了平均而各选一半，应当根据奖励理由进行创造性设计支付，这样才能取得最佳效果。

企业文化考核的价值在于强化对企业成员的行为矫正，使得员工行为与企业文化实现高度统一，文化建设落实为实在的行为约束。在实施过程中，文化考核应针对企业文化相应的行为要求对员工进行考核，以企业的高层管理人员与干部为引领，以部门为常规单元落实文化理念体系，并在企业各部门、各机构的具体业务与实践中实际展现出来。文化考核是在企业文化建设制度保障所建立的企业信度空间的基础上，强化企业践行文化价值观的力度与效率，可以优化企业的绩效管理系统，是企业的综合考核考评导向反映企业理念体系落地的要求。

第七节　评估/改进

企业文化建设中具体的活动设计与执行工作将随着企业运营过程随机展开，这就要求企业文化管理部门随时关注企业的经营情况，了解企业文化理念在企业生产经营过程中发挥的作用，收集员工、客户、供应商等所有企业相关人员、组织对于企业文化理念体系的建议反馈等。

文化推广的效果如果没有评价的标准，企业的文化推广工作就没有努力的方向。因此，建立文化监控体系尤为重要。文化监控体系可以与员工敬业度调查、客户满意度调查结合，这些调查的指数情况可以作为后续文化建设工作的依据和参考。可以及时对企业在经营管理过程中与企业文化理念体系间产生的冲突或不协调之处予以协调与改进，使得企业文化与企业经营尽量做到完美适配，发挥最大作用。

要有效地组织和实施企业文化评估，定期了解文化落地效果，关键要依据企业文化落地规划的评估操作方案；文化评估的实施应以分公司、部门为单位，要建立文化的闭环评估、反馈与改进机制，编制《××××企业文化评估方案》，使得文化建设的效果有明确的评价标准，文化建设的方向有量化的依据可供参考。文化评估的结果将反映分公司、部门之间在文化落地方面的效果差异，可责成落地效果较差、问题较多的分公司和部门实施文化改进。

“变”已经成为时代的主基调，企业文化体系也应该与时俱进。在全球经济一体化、信息技术普及化和劳动力性质剧变的背景下，企业能否在复杂、动态的经济环境里立于不败之地，越来越依赖企业对其内外环境的适应能力。而这种能力的培养与加强来源于企业文化的规划、执行与变革。大量的证据表明：与严格的静态组织相比，适应性强、有弹性的组织有着明显的竞争优势。因此，企业的组织变革、文化变革成为每个企业发展必须具备的能力，这也是一个培养管理者和员工的快速适应能力的过程，也是企业不断突破自我的成长过程。

中国企业在自身发展过程中已经清晰地认识到企业文化的重要性，不足的不仅仅是企业文化建设的规范化、落地执行的力度，还普遍缺乏对企业文化变革的深度关注与思考。“世界上唯一不变的就是改变”，企业文化工作者必须重视，积极主动推动企业文化的变革。

本章小结：如何让企业文化“实”起来，相信这是每一个从事企业文化工作的人都要关注的问题。希望通过本章内容的学习，大家能有一个系统的、科学的认识，未来可以将其应用到实际工作，助力企业文化实施落地，将“虚”的企业文化真正做实。本部分内容到此结束，接下来我们将介绍当前企业文化建设常用的几种模型。

第二篇　案例与工具

企业文化测评如同给病人诊断，首先要判别是什么病症。这里并非强调企业文化测评目的的多样性，而是强调这一测评的根本作用。有些企业做企业文化测评是为诊断与企业文化相关的管理系统，如人力资源，而有些企业则明确企业文化测评是为建设企业文化。总的来说，企业文化测评的需求是诊断及应用两大功能。20 世纪 80 年代以来，很多国内外学者，分别提出了基于不同维度的测评模型，例如著名的“丹尼森组织文化模型”等。每个维度的展开，其结果都具有各自的针对性。总的来说，企业文化测评的需求包括组织氛围、员工满意度、企业文化现状、员工价值观取向等。接下来我们将介绍当前企业管理咨询业常用的，具有代表性的企业文化咨询模型及工具。

第四章

全面诊断解决“大船掉头难”：丹尼森组织文化模型

S 公司火烧眉毛，安娜决定寻找咨询公司诊断治理

这是安娜第三次跟总裁老赵沟通企业文化诊断治理的事情了，老总裁一心想着业务搞好一切都好，对于这些职能部门的事情，并没有太上心。

“我听说，这个月市场部被竞争对手挖了三个大客户，还损失了一个销冠团队，调查后发现员工对于公司的战略并不认同，只想赚钱了事。这不利于我们明年推进新产品上市。虽然新产品有助于公司建立品牌形象，实现社会效益，但新产品投入市场前期不仅让员工的工作量增加，还让提成变少，预测会有大比例的人员离职。”安娜有点儿想威胁这个固执的老头了。

终于，他的目光从电脑屏幕转到了安娜的脸上。

“咱们公司成立于 1999 年，自从 2002 年在中国香港、美国纽约成功上市以后，现在也是 S 省最大的全外资企业，是 S 省乃至西北地区第一家在境外整体上市的通信企业。这个行业也是寡头垄断，竞争者就那么几家，要是销售人员被挖走，市场占有率会快速下降的。

“所以，为了更好地建设公司团队，更好地支持战略落地，我强烈建议做一次系统的专业企业文化诊断。我已经对比了三家非常优秀的咨询公司，也有一些初步的方案，耗时约一个半月，在年底前，我们就能做一波新的团队建设，帮助稳定军心，降低年底员工流失率。”安娜抓紧时间把方案放到总裁面前。

这个固执的老总裁终于点头了，其实他从市场总监的汇报中已经感受到了业务开展困难的问题，调整战略的同时建设团队也是非常重要的。

S 公司主要经营移动语音、数据、宽带、IP 电话和多媒体业务，并具有计算机互联网国际联网单位经营权和国际出入口经营权，在通信行业中处于绝对优势。S 公司企业效益稳步提升，运营收入六年复合增长

率达到22.4%，六年多来累计纳税超过17亿元，公司被评为S省A级纳税企业，树立了良好的公司形象，成为通信市场竞争中的佼佼者，实现了企业效益和社会效益的双丰收。

但是，最近的情况真的让人着急。

第一节　模型简介：何为丹尼森组织文化模型

丹尼森组织文化模型是由瑞士洛桑国际管理学院（IMD）的著名教授丹尼尔·丹尼森（Daniel Denison）创建的。他认为，该模型是衡量组织文化最有效、最实用的模型之一。

丹尼森组织文化模型建立在四个文化特性基础之上，即相容性、连续性、适应性及使命感。在10多年的研究中，丹尼森发现，这四个文化特性与企业的经营业绩有着必然联系，资产收益率、投资收益率、销售增长额、市场占有率等都与其高度相关。通过挖掘每一个特性对企业经营管理的关键环节，以及企业管理行为和员工行为的影响，人们可以发现这些文化特性作用于企业经营及其业绩的内在机理。

丹尼森组织文化模型建立了一个企业文化测量标准体系，是一个由500多家企业及组织的调查结果构成的数据库，数据库有60个项目的标准平均值和12个指标的标准值。通过将被调查企业或组织的调查结果与这套标准数值进行比较，得到百分位数。从百分位数可以看出，被调查企业的文化状况处在什么水平，有哪些优势和不足。**我国专家学者也对丹尼森组织文化模型进行了研究和应用，但迄今还没有形成标准数值的数据库，测量模型怎样结合中国实际情况的本土化应用方法是目前一项重要课题。**

第二节　模型优势：为何选择丹尼森组织文化模型

沉默开场，与咨询公司的初次碰面并不愉快

初次与咨询团队见面，公司管理团队就给对方出了个大难题。

组建项目小组，就让安娜费了不少心思，既要让各个团队管理者都能参与进来，又不能影响公司的正常运作；既要涵盖公司的意见领袖，又不能人员太散，因为团队太大，意见难统一。

"我们全力支持，只要别占用我们谈业务的时间。"市场部总监说得认真，也是真担心，他可不想参与不能完成 KPI 的事情。

"这种调查会不会让员工更不愿意在公司待着呀？觉得公司正经赚钱的事情没几件，天天把精力放在这些事情上？"销售总监也表示非常担心。

"我们财务部门月底月初比较忙，其他时间还好，提前安排好时间，一定支持！"财务总监倒是爽快，给了准话。

"你们这个到底能解决什么问题呢？能让客户不再被挖走吗？别浪费时间最后作用都没有！"总裁老赵脾气爆，倒是问了个实际的问题。

安娜和项目经理在前期调研的时候并没有任何人对这件事保持正面的预期和态度，这让安娜和咨询团队项目经理张平非常紧张，这件事到底能否推进下去，谁都不敢说。

选择一个工具，首先要看它是否具有不可替代的优势。丹尼森组织文化模型最突出的是有较高的可靠性，虽然现在国内很多专家提出的评估工具也自成体系，甚至更符合中国人的思维模式，但是缺点也显而易见，那就是缺少实践的验证。任何一家企业都不可能以自身为试验品，花费大量的时间成本，去获得一个不确定的结果。

丹尼森组织文化模型的核心优势在于它拥有一个全球基准数据库，含有 888 家公司的数据，这些公司来自 80 个行业和 16 个国家，75% 来自北美、20% 来自欧洲、5% 来自亚洲，可以提供不同行业不同国家的整体平均分。从丹尼森组织文化模型产生到发展，一直是注重数据佐证的；它的优势在于直接与组织经营业绩联系，有利于将企业文化引向绩效。

企业文化的因素非常多，比如有的企业只准员工穿白衬衣，有的企业则要求穿条纹衬衣，这当然是企业文化的一部分，但和绩效的联系是微弱的。丹尼森组织文化模型剔除了这些文化因素，从具体的商业运营环境中发展而来，在对企业的实地研究中，在大量数据的积累对比中，提炼出了 12 个与公司绩效联系最密切的文化维度，真正地发挥了提纲挈领的作用。在经历了 30 年做加法之后，现在是该做减法的时候了。

“文化测评模型很多，为什么选择这个？”安娜作为 HR，对文化测评有一些了解，对于模型选择提出疑问。

“选择这个模型有两个原因：

“第一，丹尼森组织文化模型不可替代的优势。丹尼森组织文化模型从其产生到发展至今，以其基于全球 80 个行业和 16 个国家 888 家公司的基准数据库，在业内拥有较高的可靠性，对于在行业中和当地企业处于优势地位的大型企业来说，具有相当可靠的公信力，在众多的企业文化模型工具中尤为突出。同时，也可以把咱们公司与数据库中的同类型企业进行对比，分析未来发展走向和企业文化建设方向。

“第二，需求和模型的吻合度。咱们公司目前的经营业绩良好，属于当地的 TOP3 企业，丹尼森组织文化模型具有直接与组织经营业绩相联系的特性，有利于将企业文化引向绩效，在完成团队建设的同时提升公司的社会品牌效应，进而实现经济效益和社会效益的双丰收。

“当然，我们也会根据经典模型做一些调整和变型，能更好地适应咱们公司的需求。”张平对于丹尼森组织文化模型做了进一步的解释。

“有没有其他替代性较高的模型？多个模型使用是不是更有效?”产品研发专家也发话了。

“其实，文化测评的关键是选择与实际需求相符合的工具，如同对症下药，不是药吃多了就能治病，关键是用对药!”张平补充说明。

第三节　模型剖析：深入了解丹尼森组织文化模型的 4 大特征

丹尼森在对大量的公司研究后，总结了组织文化的 4 个特征：**参与性、一致性、适应性、使命。**

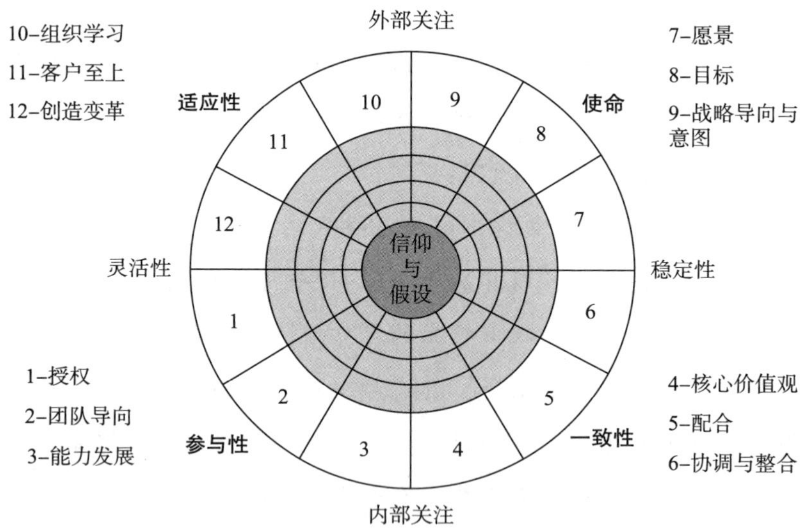

图 4－1　组织文化的 4 个特征

一、参与性（Involvement）

涉及员工的工作能力、主人翁精神（ownership）和责任感的培养。

公司在这一文化特征上的得分，反映了公司对培养员工、与员工进行沟通，以及使员工参与并承担工作的重视程度。

参与性的三个维度：

（1）授权：员工是否真正获得授权并承担责任？他们是否具有主人翁意识和工作积极性？

（2）团队导向：公司是否重视并鼓励员工相互合作，以实现共同目标？员工在工作中是否依靠团队的力量？

（3）能力发展：公司是否不断投入资源培训员工，使他们具有竞争力，跟上公司业务发展的需要，同时满足员工不断学习和发展的愿望。

二、一致性（Consistency）

用于衡量公司是否拥有一个强大且富有凝聚力的内部文化。

一致性的三个维度：

（1）核心价值观：公司是否存在一套大家共同信奉的价值观，从而使公司员工产生强烈的认同感，并对未来抱有明确的期望？

（2）配合：领导者是否具备足够的能力让大家达成高度一致，并在关键问题上调和不同的意见？

（3）协调与整合：公司中各职能部门和业务单位是否能够密切合作？部门或团队的界限会不会变成合作的障碍？

三、适应性（Adaptability）

主要是指公司对外部环境（包括客户和市场）中的各种信号迅速做出反应的能力。

适应性的三个维度：

（1）创造变革：公司是否惧怕承担因变革而带来的风险？公司是否会仔细观察外部环境，预计相关流程及变化步骤，并及时实施变革？

（2）客户至上：善于适应环境的公司凡事都从客户的角度出发。

公司是否了解自己的客户，使他们感到满意，并能预计客户未来的需求？

（3）组织学习：公司能否将外界信号视为鼓励创新和吸收新知识的良机？

四、使命（Mission）

这一文化特征有助于判断公司是一味注重眼前利益，还是着眼于制订系统的战略行动计划。成功的公司往往目标明确，志向远大。

使命的三个维度：

（1）愿景：员工对公司未来的理想状况是否达成了共识？这种愿景是否得到公司全体员工的理解和认同？

（2）战略导向与意图：公司是否希望在本行业中脱颖而出？明确的战略意图展示了公司的决心，并使所有人都知道如何为公司的战略做出贡献？

（3）目标：公司是否周详地制定了一系列与使命、愿景和战略密切相关的目标，可以让每个员工在工作时做参考？

这4个特征的12个维度分别对市场份额和销售额的增长、产品和服务的创新、资产收益率、投资回报率和销售回报率等业绩指标产生重要的影响。

该模型的实用性在于使用者可以通过对公司员工进行15分钟左右的问卷调查，根据调查结果进行相关的计算，快速地确定公司在这12个维度上的得分，从而有助于管理者采取相应的行动调整自己的组织，实现战略目标。

从国外企业文化现象的发现到企业文化研究20年的迅猛发展来看，他们走的是一条理论研究与应用研究相结合、定性研究与定量研究相结合的道路。20世纪80年代中期，在对企业文化的概念和结构进行探讨之后，便马上转入对企业文化产生作用的内在机制，以及企业文化与企业领导、组织气氛、人力资源、企业环境、企业策略等企业管理过程的关系的研究，进而对企业文化与企业经营业绩的关系进行量化的追踪研究。定量化研究是在企业文化理论研究的基础上，提出用于企业文化测量、诊断和评估的模型，进而开发出一系列量表，对企业文化进行可操作化的、定量化的深入研究。

第四节　模型运用：如何解决船大难掉头的问题

火花四溅，前期调研阶段状况频发

项目前期调查还在高管访谈阶段，张平时常暗暗感慨，接下来的每一步都会如履薄冰。

“部分高管战略意识薄弱，部分基层管理者管理手段粗暴，部分员工不认可公司的价值观，在公司做事很别扭。”张平向公司管理层汇报前期调研的结果，同时也在试探这些领导对于未来调研方向的看法。“作为专业咨询团队，我们遇到这种情况一般都会建议公司先做一个企业文化现状的摸底诊断，判断企业文化现在的状态和方向，再根据管理层对于公司的发展要求有针对性地提出改进方案。”

“你的意思是我们公司现在的企业文化很差劲，大家都不愿意在公司上班？你的调查结果也太悲观了！我们每天给销售人员做团建，吃吃喝喝，还没日没夜地培训提升，到头来你说我们的管理手段粗暴？”销售总监快言快语，差点儿急眼了！

“企业文化的现状没有好坏，只有是否符合阶段性业务发展的需求。”张平赶紧补充说道。“根据现在的数据显示，基层员工对于公司战略理解不清，对于公司制度也有不满，导致工作积极性较差，这也是一开始大家提到的客户被挖走、销售团队被挖走的主要原因。但是具体的情况还是需要扩大调查后才能确定。”张平结合之前的需求和案例进行分析。

“那你说怎么办?”市场总监头一歪，丢了一个问题。

“所以，我们建议使用‘丹尼森组织文化模型’，做一次企业文化定性的调查和分析，同时调查各个层级对于企业文化的预期。根据具体的调查数据再分析和调整接下来的行动方案。”张平提出了建议和下一步计划。

丹尼森组织文化模型可以广泛用于各种企业、团队及个人。比如一般性商业公司、正经历合并和收购的企业、面临产业调整的企业、新任的 CEO、新成立的企业、处于衰落的企业、进行战略调整的企业、面临顾客服务挑战的企业等。

1. 通过运用丹尼森组织文化模型可实现的基本功能

（1）可以把某一企业的文化分别与经营业绩较好和较差的企业的文化进行对比，明确该企业在文化建设方面的优势和不足。

（2）可以对业务单位或部门进行考察，了解该组织内的亚文化。

（3）可以测量企业现存的文化，以及考察该企业文化如何在提高经营业绩方面发挥更好的作用。

（4）可以在测量的基础上提出改进企业文化的方案，以及提高经营业绩的具体建议。

（5）可以为企业发展和企业文化变革提供决策依据。

（6）可以更好地促进合并及重组，等等。

2. 一般性企业运用丹尼森组织文化模型

（1）对目前企业文化的优势和不足做出基本评价。

（2）与其他经营业绩好的企业文化进行比较分析，根据企业期望的业绩确定文化变革的目标。

（3）明确文化变革的短期、中期和长期目标和任务。

（4）分析与经营业绩（利润、销售或收入增长率、市场份额、质量、创新和员工满意度）有直接联系的文化要素，找出哪些促进了经营业绩的增长，哪些阻碍了经营业绩的增长。

（5）提高领导者对企业文化的认识，进一步引导他们积极发挥企业文化的作用。

（6）提供个人和企业双方都可以使用的分析报告，形成共同认可的文化体系。

丹尼森组织文化模型还可以广泛应用于企业的合并及并购工作，促进其快速成功。该模型可以做到：

（1）分析合并及并购双方企业的相同和不同之处，寻求前进的合力。

（2）创立合并后企业共同奋斗的企业文化。

（3）可以转移双方在谴责、担忧和内部竞争方面的注意力，转向创造共享的文化。

（4）制订被合并企业的领导者选拔和发展计划，促进双方认同的理想的企业文化的形成和发展。

结合本章案例，列举其对一般性企业的作用，可以集中展示模型的着力所向、意义所在。而咨询顾问张平，也基于此对高管的质疑做出了积极回应。

丹尼森组织文化模型的主要功能是：

（1）对目前企业文化的优势和不足做出基本评价。

（2）分析与经营业绩（利润、销售或收入增长率、市场份额、质量、创新和员工满意度）有直接联系的文化要素，找出哪些促进了经营业绩的增长，哪些阻碍了经营业绩的提高。

（3）可以把某一企业的文化分别与经营业绩较好和较差的企业的文化进行对比，明确该企业在文化建设方面的优势和不足。

（4）可以对业务单位或部门进行考察，了解该组织内的亚文化，针对业绩好和业绩差的团队有的放矢地进行调整和改进。

张平一一阐述丹尼森组织文化模型的功能。

第五节　问卷设计：灵活调整，为S公司量身定制问卷

一、丹尼森组织文化模型抽样调查问卷的测量维度

问卷的维度可具体划分为四个模块：人的特性模块、基本价值观模块、环境适应模块和企业使命模块。

1. 人的特性模块

（1）授权：企业成员进行自主工作的授权状况，它是责任感的源泉。

（2）团队导向：依靠团队的力量形成共同目标的意识。

（3）能力开发：企业用于员工技能成长、素质开发上的投入状况。

2. 基本价值观模块

（1）核心价值观：企业成员共享的、特有的价值观和信念体系。

（2）一致性：企业成员达成一致观念的难易程度，尤其指在遇到冲突时。

（3）和谐：企业不同部门之间为共同目标而相互协作的状况。

3. 环境适应模块

（1）应变能力：企业对环境变化能够迅速采取变革措施并顺利实现。

（2）关注顾客：对顾客兴趣的把握及对顾客需求的迅速反馈。

（3）组织学习：企业从内外部环境中接收、内化、传播知识与经验，并迅速进行创新、创造新知识的能力。

4. 企业使命模块

（1）企业愿景：企业所有成员共享的对企业未来发展的看法。

（2）战略导向：对如何实现企业愿景进行的战略规划。

（3）企业目标：为实现企业愿景、战略而设定的一系列阶段性目标。

争执不下，企业文化诊断即将崩盘

诊断模型暂定依据丹尼森组织文化模型做变形，但大家对于变形的内容意见颇多。

“一个普通员工干好手里的活儿就好了，对于战略有什么需要了解的？他们也参与不到决策层。”

“员工不是说发展空间受限吗？把能力发展加进来，看看有多少人有这种感觉？少数还是多数，大家的期待是什么？”

“还有人说管理制度跟价值观不符合，把这个也加进来。”

“企业要发展必须重视社会责任，这个也要加进来。”

“管理层也觉得授权不够，要不要老板再下放一些权力，让我们夹在中间的人也体验下主人翁的感觉。”

意见收集阶段，大家提了很多建议，多数是开玩笑甚至以看笑话的心态提了需求。

前期调研结束后，安娜和张平开始针对丹尼森组织文化模型进行学习和调整，主要变形包括以下内容：

- 使命特征中，将“目标”与“战略导向”内容合并到“战略愿景”维度中可集中体现，增加“企业社会责任”维度，强化企业影响力的测评，并增列“核心价值观”维度，由此强化企业经营指导原则和行为准则的测评。
- 参与性特征中，以“员工关爱”替换“能力发展”维度，扩展其外延性与测评范围。
- 一致性特征中，增加“制度设计”“管理控制”维度，原有的“核心价值观”维度在使命特征中体现，由此更直接测评制度设计及组织管理对文化理念的落实情况。

丹尼森组织文化模型调整前后对比如表 4－1 所示。

表 4－1　丹尼森组织文化模型调整前后对比

特征	修改后维度	修改前维度
使命	战略愿景：明晰企业的长期发展目标，全体员工能为目标实现而努力	愿景：员工对公司未来的理想状况是否达成共识？这种愿景是否得到公司全体员工的理解和认同
	核心价值观：有共同的信念与行为准则等，能够有效指导员工的行为	战略导向和意图：公司是否希望在本行业中脱颖而出？明确的战略意图展示了公司的决心，并使所有人都知道应该如何为公司的战略做出贡献
	企业社会责任：注重履行经济、社会与环境责任，鼓励员工参与社会公益活动	目标：公司是否周详地制定了一系列与使命、愿景和战略密切相关的目标，可以让每个员工在工作时做参考
参与性	关爱员工：强调组织公平，注重员工发展、员工参与，领导者能及时给予员工个性化关怀	授权：员工是否真正获得授权并承担责任？他们是否具有主人翁意识和工作积极性
	团队合作：注重团队建设，明确团队目标，强化团队成员的合作，打造信任互助的团队氛围	团队导向：公司是否重视并鼓励员工相互合作，以实现共同目标？员工在工作中是否依靠团队的力量
	领导力：领导者能够以身作则，起表率作用，注重授权	能力发展：公司是否不断投入资源培训员工，使他们具有竞争力，跟上公司业务发展的步伐，同时满足员工不断学习和发展的愿望
一致性	制度建设：企业制度建设完备，并能够有力执行，指导企业规范化运作	核心价值观：公司是否存在一套大家共同信奉的价值观，从而使公司员工产生强烈的认同感，并对未来抱有明确的期望
	管理控制：企业具备便捷高效的管理系统，并能够做到灵活管控，给下级单位适当的授权和资源支持	配合：领导者是否具备足够的能力让大家达成高度的一致，并在关键问题上调和不同的意见
	协调配合：组织上下能够充分交流、顺畅沟通，部门之间能够相互协作、支撑配合	协调与整合：公司中各职能部门和业务单位是否能够密切合作？部门或团队的界限会不会变成合作的障碍

调整后的考核维度不仅能全面展示公司的特性，更重要的是，更符合公司的实际情况和领导层的实际需求。接下来就是设计调查问卷，根据测评维度做的调整，测评问卷内容如表4－2所示。

表4－2　组织层面企业文化践行度测评问卷内容

特征	具体维度	问卷内容简化
适应性	组织学习：以共同愿景为基础，营造内部学习氛围，并有效应用外部资源，增强企业学习力	学习氛围浓厚 学习是工作的重要部分 工作方式灵活 员工系统思维的养成
	创新变革：制定创新战略，营造创新氛围，开展创新活动，提供创新支持	鼓励创新，乐于承担风险 领导重视新的制度与流程 注重新的产品与服务的开发
	客户为本：以客户为中心，创造、引导并满足外部客户需求，并强化内部客户意识，实现与客户共赢	客户意见影响决策 企业了解并满足客户需要 致力于更快捷的服务方式 鼓励员工与客户多接触
使命	战略愿景：明晰企业的长期发展目标，全体员工能为目标实现而努力	员工熟知愿景 愿景鼓舞员工工作
	核心价值观：有共同的信念与行为准则等，能够有效指导员工的行为	正在按照步骤实施 员工认同
	企业社会责任：注重履行经济、社会与环境责任，鼓励员工参与社会公益活动	符合时代发展 员工有社会责任使命感
参与性	关爱员工：强调组织公平，注重员工发展、员工参与，领导者能及时给予员工个性化关怀	员工福利保障 员工得到个性化帮助和关怀
	团队合作：注重团队建设，明确团队目标，强化团队成员间的合作，打造信任互助的团队氛围	合作时积极工作 团队制度
	领导力：领导者能够以身作则，起表率作用，注重授权	员工决策权力 领导以身作则

续表

特征	具体维度	问卷内容简化
一致性	制度建设：企业制度建设完备，并能够有力执行，指导企业规范化运作	企业制度建设完备 流程规范
	管理控制：企业具备便捷高效的管理系统，并能够做到灵活管控，给下级单位适当的授权和资源支持	员工的权力授予
	协调配合：组织上下能够充分交流、顺畅沟通，部门之间能够相互协作、支撑配合	管理结构扁平 经营方式一致性

经过一周连续奋战，终于将调查问卷设计完毕，安娜和张平同时松了一口气，后面的路或许会好走了。本次调查主要采取纸质问卷的形式，员工采用无记名的方式，根据实际情况打分（百分制）。填写完毕后统一回收至咨询项目工作小组进行数据统计和分析。

二、丹尼森组织文化模型问卷的主要内容

1. 参与性

（1）单位的决定通常是在充分征求各部门意见的基础上做出的。

（2）每个人都了解单位内部情况，在需要的时候能得到帮助。

（3）单位大部分职工都积极参与工作并努力完成分配的任务。

（4）每个人都相信自己的工作能够对单位产生积极的作用。

（5）在单位工作能在一定程度上增长自己的才干、发挥自己的潜力。

（6）每个人都能在某种程度上参与计划执行的决策过程。

（7）单位鼓励各部门间互相合作。

（8）职工彼此间进行广泛合作。

（9）工作时，人们像一个团队。

（10）你和同事相处很融洽。

（11）上下级的配合是为了共同完成工作，而不是因为等级制度。

（12）单位由很多团队或部门构成，人们喜欢以团队进行共事。

（13）人们有组织地进行工作，每一个人能看到组织目标设置与本职工作目标之间的关系。

（14）权力下放，每一个人都有权力按自己的方式做事。

（15）单位职权划分清晰，一个有利于单位发展的决策能很快在单位得到推行，而不会因权力问题得不到执行。

（16）人们通过工作锻炼增长能力。

（17）单位为提高职工的技能，有持续不断的教育培训投资（培训、制度建设、思想教育等）。

（18）单位把职工的能力看作提高单位竞争优势的重要资源。

（19）单位经常由于缺少做某项工作技能而出现问题。

（20）领导可以很快知道基层发生的事情，基层也能很快知道领导者的决策。

（21）你对单位发展的建议和意见能得到妥善处理。

（22）你在工作或生活中遇到的困难会跟上级或同事提出来。

（23）领导很公平，不会有太多的个人主观意见。

（24）领导给你所需的职权，你有权做出改进工作流程和程序的决定。

（25）领导要求你对工作中的表现和结果负责。

（26）领导鼓励你用自己的方法去解决在工作中遇到的困难。

（27）单位优先确保职工持续的学习和技能提升的机会。

（28）你对单位的工作安排都非常愿意认真贯彻执行。

（29）单位内部存在有事互相推诿的现象。

（30）你对单位制度安排不合理的地方可以充分表达自己的意见和建议，领导也会考虑接受这些意见和建议。

（31）你觉得现在的岗位很适合自己。

（32）你认为单位员工是团结一心的。

（33）单位存在偷懒的人得到领导赏识的情况。

（34）单位有明确完善的奖惩机制。

（35）你的付出能得到相应的回报。

（36）单位对犯错的人无论职位高低都会给予一定的惩罚。

（37）你愿意与单位一起承担风险。

（38）你觉得有时候在单位里面多一事不如少一事。

（39）每个人都觉得积极工作会产生好的工作结果。

（40）工作业务规划很完善，并且多数人都积极参与。

（41）你乐意帮同事完成非分内的工作。

（42）你觉得工作能够得到认可，有成就感。

2. 适应性

（1）你觉得工作方式灵活多变。

（2）单位对于组织环境的变化（如经济危机等）有很好的反应措施和应急方案。

（3）单位会不断采纳新的和改进的工作方式。

（4）单位会经常改进服务以获得外界的认可。

（5）单位善于进行主动改革。

（6）单位在获得自身利益的同时注重纳税人利益的保护。

（7）单位的不同部门经常合作来创造改革。

（8）对变革的尝试，总是遇到抵制。

（9）单位根据纳税人的评价和建议做出调整和改变。

（10）纳税人直接影响单位的决策。

（11）单位成员都理解纳税人的需求。

（12）单位鼓励职工紧密联系纳税人。

（13）纳税人的利益常常在我们的决策中被忽视。

（14）单位把失败看作学习和改进的机会。

（15）创新和冒险受到鼓励和奖励。

（16）在日常工作中，学习是很重要的事。

（17）我们确保信息在组织内充分流通和共享。

（18）许多事情因失败而告终。

（19）单位会根据宏观经济的变化而调整自己的计划。

（20）单位经常引导大家学习新知识，而且你觉得这种学习很有帮助。

（21）单位有良好的培训计划。

（22）单位各部门的目标协调一致。

（23）单位进行决策有时候忽视了纳税人的利益。

（24）你觉得单位对于纳税人的意见很上心。

（25）单位对外传播的网络健全，保持和新闻媒体的联系，有适当的形象发布和形象宣传，以及相关的公关活动来推动单位的形象建设。

（26）你的单位在对外宣传中，注意对自己形象的宣传。

3. 使命

（1）单位内部有长期战略方针。

（2）单位有清晰的发展思路和目标。

（3）单位考虑当前利益而忽略长远利益。

（4）单位有过因为管理不善而导致失败的情况。

（5）单位有一定的危机意识。

（6）单位有应对危机的预警方案和资金储备。

（7）单位的战略很明确，有正式的纪录。

（8）我们有上下一致的目标。

（9）单位的使命给我们的工作说明意义、指明方向。

（10）领导设立的目标是有挑战性的、可以实现的。

（11）我们不断地向目标前进。

（12）我们懂得为了长远的成功需要做什么。

（13）我不清楚战略目标。

（14）单位有明确而且有可操作性的工作目标实施步骤（比如短、中、长期发展目标）。

（15）关于单位将来是什么样，单位职工有共同的展望。

（16）单位有专门机构负责计划的实施，并时刻进行监督、修正。

（17）领导具有长远的眼光。

（18）单位对未来的设想使职工受到鼓舞和激情。

（19）我们能够满足短期需要而不损害长期愿景。

（20）短期利益常常使长期愿景妥协。

（21）领导亲自实践他们倡导的决策。

（22）单位具有自己特有的管理模式和管理制度。

（23）领导建立了一个在 21 世纪提高自身能力和为纳税人服务的系统。

（24）领导者向所有的职工交流了他对未来的看法。

（25）职工同意并真正坚持贯彻领导对未来的远景规划。

（26）单位上下对未来远景规划有着深切的感受。

（27）未来远景规划的提出在单位上下引起了极大的兴趣。

（28）单位有明确而且有可操作性的发展实施规划（比如短、中、长期有发展目标）。

（29）单位有明确的鼓舞人心的目标。

（30）部门之间经常进行信息沟通。

（31）单位确立了使命，为我们的工作提供了指导方针。

（32）单位职工普遍认同组织的发展目标。

（33）领导者制定的目标既宏伟又切合实际。

（34）我们不断跟进完善既定目标的实现。

4. 一致性

（1）单位对职工承诺的事情一定会尽力办到。

（2）你觉得跟领导工作有成绩并令人鼓舞。

（3）有清晰一致的价值观在指导我们的工作实践。

（4）如果忽略了单位的核心价值观将会给你带来麻烦。

（5）我们有共同的道德规范指导行为，告诉我们对与错。

（6）单位有明确的价值观，明确规定管理规则和职工行为规范（例如“保护纳税人的利益是我们做一切事的核心”）。

（7）当内部人员没有达成共识时，我们努力找到“双赢”的解决办法。

（8）我们很容易达成共识，即使在困难问题上。

（9）对于做事的正确方式与错误方式，我们有清楚一致的意见。

（10）我们上下一致，对于上级的指示一致服从。

（11）在关键的问题上，我们经常难以达成共识。

（12）我们有预先设定的共同的做事方式。

（13）组织中不同部门的人有共同的视角，能够互相理解。

（14）不同的部门之间很容易合作完成任务。

（15）组织中各层次部门，为完成共同的目标而工作。

（16）与组织其他部门的人一起工作，就如同自己组织的人一起工作。

（17）单位的组织结构明确，控制系统完善，职工完全按照规章制度办事。

（18）单位注重工作的完成和结果，职工也看重成就。

（19）单位的薪酬福利能够反映出职工的实际能力。

（20）单位像一个大家庭，职工能同甘共苦。

（21）职工只是因为工作而发生冲突，而不是个人之间的矛盾。

（22）单位有明确的管理规则和职工行为规范。

（23）单位中层以上干部经常以身作则，用实际行动实现承诺。

（24）你对工作环境很满意。

（25）你的工作能够受到别人的尊重。

（26）你愿意长期留在单位工作。

（27）工作中出现问题时，领导会尽量协助大家一起寻找解决办法。

（28）作为单位的员工，你觉得很自豪。

（29）你觉得自己的利益和单位的利益是容易协调的。

（30）你的知识技能在单位能够得到充分有效的发挥。

（31）你对于单位制定的各项规章制度都很认同。

（32）你对于工资待遇福利都很满意。

（33）单位各部门间分工合作很明确。

（34）领导对待不同收入的职工态度有所不同。

（35）领导与职工相处融洽。

（36）领导善于处理各种人际关系。

（37）你觉得协调不同部门之间的工作并不困难。

（38）你很喜欢参加单位举办的各种文体活动。

（39）领导对于他们所倡导的也身体力行。

（40）工作中如有不同意见或想法，有畅通的渠道沟通解决。

（41）领导经常与下属沟通，并善于采纳不同的意见。

（42）为了集体的利益，你会牺牲个人利益。

三、丹尼森组织文化模型测评量表

本项调查共有60道陈述题，这些题目描述机构文化的不同方面及机构的运作方式。回答问卷时，只需要就每一条陈述说明你同意或不同意的程度。在回答问题时，对你所在机构做总体评估，以正常状况为评估基础。

如果问题准确描述了你所在机构的正常状况，你就应当表明赞成该项陈述。如果陈述未能准确描述你所在机构的正常状况，你就应当表示不赞成。如果你难以决定选择哪一种答案，请选择最接近机构状况的答案。如果你觉得对陈述既不赞成也没有异议，应当选择中性的回答。如果某项陈述题与你无关，可以不回答。

问题的回答及得分

1	2	3	4	5	0
强烈不赞同	不赞同	中立	赞同	强烈赞同	不适用

在本公司……

（1）大多数员工积极投入自己的工作。

（2）通常在可获得最佳信息的层面做出决策。

（3）信息广泛共享，每个人都可以在需要时获得所需的信息。

（4）每个人都相信自己能够产生积极的影响。

（5）业务规划具有持续性，并且让每个人都能参与其中。

（6）积极鼓励组织内不同部门之间进行合作。

（7）员工彼此进行广泛合作。

（8）利用团队结构而不是等级结构来完成工作。

（9）团队是我们的主要基石。

（10）工作的组织方式使每个人都能了解木职工作与组织目标之间的关系。

（11）员工被授予权力，可以自己进行决策。

（12）储备实力（员工的能力）不断得到改善。

（13）对员工的技能不断进行投资。

（14）员工的能力被视作竞争优势的重要来源。

（15）由于我们不具备完成工作所需的技能，因此时常出现问题。

（16）领导和管理者能够信守诺言。

（17）具有独特的管理风格和管理方法。

（18）明确、一致的价值观指导我们的经营方式。

（19）忽略核心价值观会使你陷入困境。

（20）有道德准则指导我们的行为，使我们明辨是非。

（21）出现分歧时，我们尽全力找到双赢的解决方案。

（22）组织拥有一种强有力的文化。

（23）即使遇到难题，我们也能达成一致意见。

（24）在关键问题上经常难以达成一致意见。

（25）员工对正确和错误的行为方式有着明确一致的看法。

（26）我们的经营方式具有一惯性和可预测性。

（27）来自不同部门的员工具有共同的目标。

（28）协调不同部门之间的项目并不困难。

（29）与不同部门的员工进行合作与来自不同组织的员工合作一样困难。

（30）组织内各阶层的目标协调一致。

（31）工作方式十分灵活，容易改变。

（32）我们善于应对竞争对手及业务环境中的其他变化。

（33）我们不断采纳新的先进工作方法。

（34）改革尝试通常会遇到阻力。

（35）不同部门相互合作，实施改革。

（36）客户的意见和建议常常带来变革。

（37）客户的意见直接影响我们的决策。

（38）所有员工都对客户的愿望和需求有深入的了解。

（39）我们在做出决策时经常无视客户的利益。

（40）我们鼓励员工与客户直接接触。

（41）我们将失败视作学习和改善的机会。

（42）我们鼓励和奖励创新及敢于承担风险。

（43）很多事情不了了之。

（44）学习是我们日常工作的一个重要目标。

（45）我们确保部门之间互通信息。

（46）我们制定了长期目标和发展方向。

（47）我们的战略迫使其他组织改变其在本行业的竞争方式。

（48）企业确立了明确的使命，为我们的工作提供指导和方针。

（49）我们制定了明确的未来发展战略。

（50）我们不了解企业的战略发展方向。

（51）员工普遍认同组织的发展目标。

（52）领导者制定的目标既雄心勃勃又切合实际。

（53）领导层已公开阐明了我们要努力实现的目标。

（54）我们不断跟踪既定目标的实现进度。

（55）员工都了解取得长期成功需付出的努力。

（56）我们对组织的未来前景达成了共识。

（57）领导者具有长期发展的眼光。

（58）短期思维经常会影响我们的长期愿景。

（59）我们的愿景使员工精神振奋，工作积极主动。

（60）我们能够达到短期要求，同时又不会影响长期目标的实现。

第六节　问卷分析：数据驱动，领航“大船”掉头方向

调整方向，诊断治理工作异常顺畅

然而……

“这事儿已经占了我们团队两个人两天的时间了，我不能再让人干这事儿了，KPI 还没完成呢！”

“刚好赶上月底，我们这边确实抽不出来人手，要不再等半个月，我们把手里的账结了再推进这事儿？”

“你们真的是多此一举，团队建设就是多打胜仗、多占市场、多签合同，拿钱分账，好好赚钱不好吗？”

“最近产品研发天天加班到凌晨 12 点，真的没时间接受访谈和调查！”

大家对于调查推进颇多怨言。

安娜和张平也意识到硬推这件事情肯定会引起更多的不满，导致调查结果失真，所以调整战略，深入业务团队观察日常工作，帮助团队领导解决了几个棘手问题后，工作变得顺利起来。

一是大家看到了咨询团队真的在解决问题；二是看到了自己提的每一个需求都被重视、体现在调查问卷里，嫌麻烦、看热闹的心态也发生了变化。

本次调查共发放评估问卷 1500 份，回收有效问卷 1432 份。通过项目顾问团队 28 人历时 3 天的对有效问卷的统计，结果采用均值统计法进行维度衡量，即把同一维度内各题目得分相加后，除以题目个数，获得维度平均值。平均值在 80 分及以上表示该维度践行程度很好，70 ~ 80 分为较好，70 分及以下为欠佳。

“通过对丹尼森问卷调查结果进行统计分析后，我们测算出公司的文化总体践行度平均 70.05 分，属于较好区间，但分值处在较好区间和欠佳区间临界点，有待提升。”张平展示本次调研的结果（如图 4 – 2 所示）。

“公司在核心价值观、团队合作、组织学习、客户为本方面相对较好，在关爱员工、制度建设、管理控制、协调配合、创新变革方面需要进一步改进。”张平对本次调查结果做进一步的解说。

“接下来我们努力的方向就是迭代制度建设、升级管理控制、加强团队间的协调配合，让员工感受到关爱，营造更好的企业文化氛围，吸引和保留优秀的员工，共同实现创新和升级。”张平希望根据本次调研结果做一些针对性的建设动作，同时希望各团队互相支持，协助项目落地。

“你建议在哪些方面做出改变呢?”固执的老总裁看着这个数据，似乎也印证了他之前的猜想，团队业绩上不去、军心不稳，主要是员工对企业不满意。

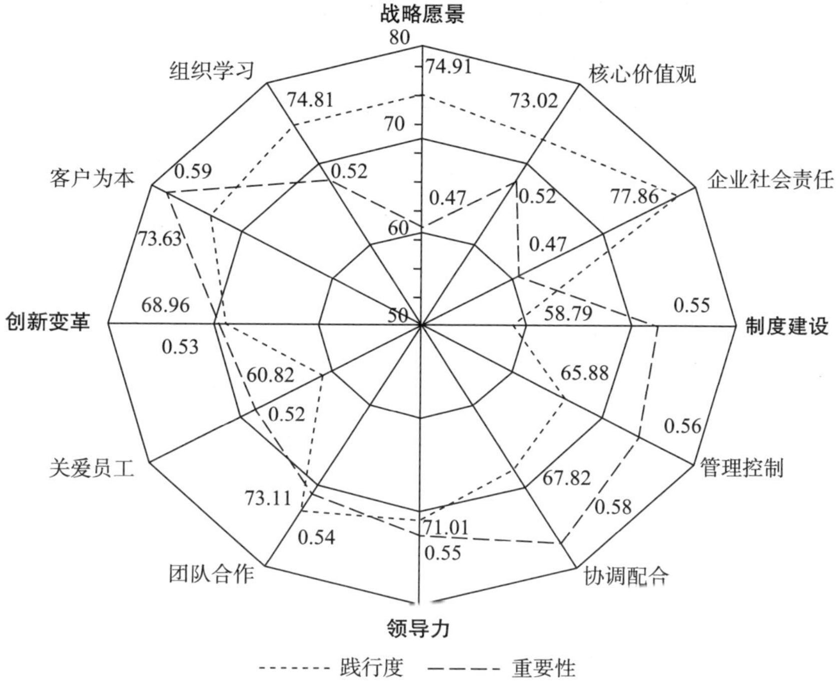

图4－2　丹尼森组织文化模型问卷调查结果

“其实，从这个结果能看出：

“第一，使命感方面践行度得分75.26，整体表现较好。82%的员工认为企业文化有助于支持战略的实施，74.9%的员工认为其工作能够得到企业核心价值观的指引。随着行业环境的变化，员工希望进一步与时俱进，丰富企业的核心文化理念，将创新拓展、包容合作及追求卓越等内容体现在企业文化中。战略愿景维度整体表现较好，公司战略目标清晰，方向定位明确，对企业未来发展有较大的指导作用，得到80%以上员工的认可。此外，员工普遍认为企业在承担社会责任、履行社会义务方面，相关工作较为出色。

“第二，适应性方面践行度得分72.47，整体表现尚可。客户为本方面，整体表现较好，公司能够以客户为中心，围绕客户需求，制定各项运营管理措施，能够对客户服务工作常抓不懈，不断提升客户满意度，取得了很好的效果。在组织学习方面表现较好，企业学习氛围浓厚，员工有较强的学习力，能积极参加公司的各项培训活动，并相互分享学习成果。创新变革维度整体表现欠佳。企业创新工作能够常态化开展，但企业主动创新意识不强，公司对创新行为的支撑方面有待加大力度，包括创新结果的共享及推广应用方面需要进一步强化等。

“第三，参与性方面践行度得分 68.31，整体表现欠佳。领导力维度整体表现一般，直接上级（主管）对于员工的示范、指引和关怀不足，不能充分引发员工追求企业上下一心所共持的目标。员工关爱维度整体表现欠佳，公司对于利益相关者的排序为：股东第一，客户第二，政府和主管部门第三，社会公众第四，员工第五。不能及时帮助员工解决工作、生活中的难题，未能建立以人为本的人性化管理模式。员工关爱不足和对个人未来成长的担忧导致约 65% 的员工认为士气不够高涨。团队合作方面总体表现尚可，团队成员能够在工作中相互协作、相互支持。

“第四，一致性方面践行度得分 64.16，整体表现欠佳。制度建设方面，仅有三成（34.2%）员工认为公司制度充分体现了企业文化和价值观，65.8% 的员工认为制度与文化存在背离，没有很好地体现企业的核心价值观，制度执行不力。不能根据公司内外部环境的变化及时进行相关制度的修订。此外，制度与流程缺乏一体化管理，很多流程的执行缺乏相应制度的支撑。管理控制方面，上级公司对下级公司宏观管控不力，政策指导不够，授权不足，资源支持不到位。只是简单地进行绩效指标的编制下发，并且指标层层加码，员工的压力很大。协调配合方面，跨部门协作中沟通不畅、责任不明，跨部门流程运行效率低下，不少部门存在本位主义倾向，不能主动进行配合支撑。”张平对调查结果做了非常详细的解读。

“所以，我们现阶段行之有效的方法就是，给员工更多的授权、更多的培训学习成长的机会，让他们能够与公司一同成长，收获除了钱以外的更多价值。”张平回复了老总裁的问题。

“好，就按这个方案实施!”老总裁一锤定音，文化治理之旅正式开启。经过一段时间的整治，在咨询公司的全程监督下，新老员工对公司的战略价值内核的认可度提升，客户的信任也随之增强，助力公司绩效的稳步前进。利用丹尼森组织文化模型进行全面的企业文化诊断后，S公司的面貌焕然一新，老总裁放心地展开下一步动作，公司上下勠力同心，新产品的推进如火如荼。

第五章

改善设计院的“虚假”祥和：双S立体文化模型

"知识经济"一词一经提出，就受到人们的追捧。如今，知识经济的浪潮正在以排山倒海之势影响企业的发展，在此背景下，"知识型员工"的规模也在企业中不断扩大。对于企业来说，如何管理好这一群体成为重要命题。

以赵院长为例，赵院长是C市规划设计研究院总负责人，他参加工作时研究院刚建立，城市规划行业是随着我国改革开放的逐步深入，市场经济体制的逐渐完善而发展起来的。20世纪90年代初期，由于《城市规划法》的颁布实施，城市规划管理部门有了法定依据，很多城市规划局都是在这个阶段脱离原有的建委系统独立出来而成立规划设计院的。随着经济发展和社会需要，规划设计行业越来越正规，相关的机构也越来越多，原来行政任务式的规划设计项目也开始向市场化竞争过渡。

30多年来，我国的城市规划理念从初期一味求快求大的野蛮生长状态，逐渐向环境、人居友好型的规划设计理念转变，规划设计部门的要求也越来越高，不但要考量他们的规划设计能力，而且要看其设计项目的文化表现力、生态环境友好性等综合能力。

但是前期基础有些薄弱，现在的企业文化体系有些支撑不住业务发展，这也是困扰赵院长很久的问题。

赵院长一边向我们讲述研究院的情况，一边感慨世道变了。

"以前我们都是一心想着付出，从不会盯着收获。现在的年轻人怎么都这么浮躁？做什么都要考虑价值。

"任务分派下去，几个部门推来推去，好几天出不了活儿，没进度。你要说他们之间有矛盾，可看着一片祥和。

"很多优秀的研究员离开了，理由让你无法拒绝，损失惨重啊！你是在企业文化咨询领域研究了十多年的专家，肯定也遇到过类似的情况，要帮我想办法，这到底是怎么了？"

让我们一起走进C市的规划设计研究院，通过双S立体文化模型（double S cube）"解剖"企业文化现状，识别该企业的基本文化定位，探索其症结背后的机理、原因，“对症下药”，给赵院长的研究院开出一剂良方。

第一节　模型简介：何为双 S 立体文化模型

一个组织的文化可以从多维度进行划分，从人与人之间产生联系的角度看，人们通常以社交性（sociability）和团结性（solidarity）两种行为进行联系。基于这两种特性，我们可以将企业文化分为四种基本类型，每种基本类型又有正面和负面两种形态，因而称为双 S 立体文化模型。双 S 立体文化模型为分析企业文化提供了新的思路，并提供了较为简单的测评体系，其研究结果为更加精确地把握企业文化的类型提供了很好的工具，可以像解剖一样清晰地对企业文化进行诊断、找到病灶，为后续的精准治疗打好基础。

如图 5－1 所示，根据企业中组织的社交性和团结性两个维度将企业文化分成网络型、共有型、散裂型和图利型四种，每种类型都存在着正面和负面效果。这些文化的不同点来源于一个组织的历史和领导人的风格，因而产生了不同企业的特色，同时该组织所属的国家文化和企业传统也会有影响。了解到这些因素，将使企业组织能够建立独特的组织

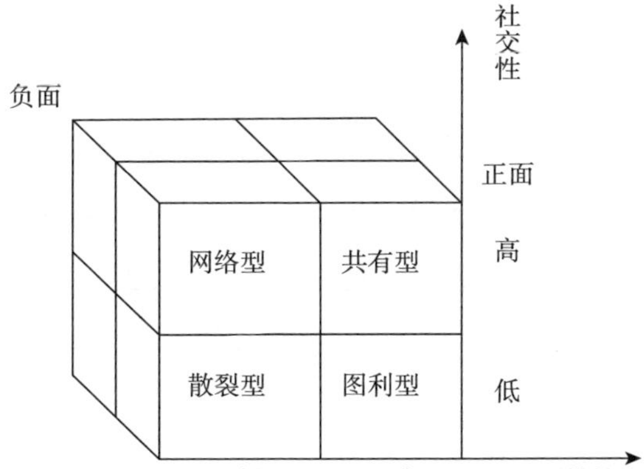

图 5－1　双 S 立体文化模型

特色、调整组织环境，甚至可以在必要时进行改革。

第二节　模型剖析：深入了解双 S 立体文化模型的两个维度

一、社交性（sociability）

这个维度代表了一个社群内成员友善程度，在企业或组织中它是表示组织成员之间融洽程度的一个指标。对于新加入的成员，他们首先关注的事情可能与组织的社会性有关。社交性通常发生得很自然，人们对其他人做出友善的事，是因为他们的个人意愿，没有附带条件，也不是隐藏式的交易；高度友善的关系，其价值就在于关系本身。一些组织内部人际关系可能非常友善、和睦，其成员经常有统一的外出活动（就像赵院长所说“大家看起来一片祥和”）；对另一些组织而言可能恰好相反，其成员尽量抵制社会化，很少参加工作外的活动，我行我素，只讨论和工作相关的事（即低社交性）。

在社交性这一维度上同时具有其积极与消极的一面。就其积极意义来说，社交性有助于组织的创造力，因为这种文化提倡人们以团队的形式群策群力，提倡信息共享，这样使人们对新观点保持开放的态度。就其消极的一面来看，社交性高的组织文化可能会导致非正式群体的出现，这种小圈子形式的非正式群体可能影响巨大，以至于会破坏正常的决策程序（如赵院长口中“分派任务下去，几个部门推来推去，好几天出不了活儿，没进度……”）。此类组织的成员可能为了保持观点一致与关系和睦而不愿反对彼此的观点，也不愿相互批评，表面上一派祥和，而这一点在问卷调查中体现得淋漓尽致。

从双 S 立体文化模型的角度对研究院的组织文化及管理进行研究，需要经历循环性的三个步骤。

首先，要进行实际测量和评估。设计相关测试题目，通过结构性访谈或问卷的形式，就相关结果进行科学统计，对量化指标进行定性分析，判断组织社交性和团结性两个维度指标的高低程度及基本走向，形成对组织文化面貌的基本识别与定位。

其次，设计沟通管理策略。定位哪种文化并不是终点，关键需要掌握最适合本院发展的社交性和团结性水平，并结合本院实际制定出优化双S指标状态的管理沟通策略，保持本院整体组织文化的相对稳定。

最后，这是一个循环调整的过程。管理沟通策略和组织文化始终处于“相合—不协调”循环往复之中，由于人的变革因素致使社交性和团结性两个维度指数发生改变，基于这种变化势必需要管理沟通策略进行适应性调整。

我们的调研采用不记名不分角色的问卷形式，设计结构性问卷的提纲。对于问卷或结构性访谈的内容，可参考表5－1的题目内容，并结合本院情况进行题目及内容扩展。被试者回答表示他们对每个问题陈述的认可程度，可以考虑采用5级反应的里克特（Likert）量表，计分方式从①（非常不同意）到⑤（非常同意），进而根据分值变化来确定维度的高低程度，进而依此来判断组织文化状态。

表5－1 结构性问卷

评估所在研究院的社交性水平，请选择①非常不同意②不同意③不好说④同意⑤非常同意						评估你所在研究院的团结性水平，请选择①非常不同意②不同意③不好说④同意⑤非常同意					
	①	②	③	④	⑤		①	②	③	④	⑤
我和同事乐于相互了解并努力强化关系						我们的部门/团队能够理解并分享同样的组织目标					
我和同事相处得非常愉快						我们的工作能够有成效和有成果性地完成					
我们部门/团队经常在工作时间以外交际						对不佳的工作表现，我们的部门/团队会采取强有力的行动					

续表

评估所在研究院的社交性水平，请选择①非常不同意②不同意③不好说④同意⑤非常同意						评估你所在研究院的团结性水平，请选择①非常不同意②不同意③不好说④同意⑤非常同意					
	①	②	③	④	⑤		①	②	③	④	⑤
我和同事彼此欣赏						我们集体成功的意志很坚定					
有人离开部门/团队，我们依旧会保持联络						当有利于改善工作的机会出现，我们能迅速地加以利用					
我的同事彼此欣赏是因为大家有很多共同点						我和同事能分享共同的研究院发展战略目标					
我的同事经常秘密地讨论私人事项						我们了解谁是潜在竞争对象					

“这些内容也太少了，能真实地反映组织现状吗？”

“问卷看起来很单薄，是不是需要再丰富一些？”

“这样的方式真的有用吗？”

在一片质疑声中，问卷调查正式开始了。本次调研发放评估问卷200份，回收问卷196份。但是……

第一次统计的结果几乎都是满分，这是很不合理的！

我们做了十几年咨询第一次遇上这样的事情。这明显是被调查人员，各个层级的员工对于本次调研的重要性和实用性没有正确理解。

我们马上调整策略，将问卷形式转为职业访谈、抽样调查，根据相同的调查提纲，更换叙述方式，增加情景描述，同时在访谈过程中传递本次调研的严肃性和重要性。通过每人10～15分钟的访谈，再次统计数据，经过16位咨询顾问连续两周紧锣密鼓的访谈，本次C院文化诊断调研工作才真正结束。

从本章开头赵院长提出的令他头疼的几个问题，到结果出乎我们意料的问卷调查，该企业高社交型的弊端初步体现，而表 5－2 是对社交型维度的正负面因素表现的总结。

表 5－2　社交型维度的正负面因素表现

<table>
<tr><th>正面</th><th>负面</th></tr>
<tr><td>充满愉快的工作环境</td><td>表现不好或犯错的成员被容忍，原谅由于个人原因而导致的低绩效</td></tr>
<tr><td>提高士气和团队精神</td><td>解决问题通常是采取折中的办法，而不是最佳方案</td></tr>
<tr><td>不需要通过正式公文就能完成工作</td><td rowspan="2">极端的社交性发展出派系和非正式的地下网络，这样的网络可以阻碍、甚至破坏组织中“既定的步骤”，这个小团体掌控了整个公司，拥有左右老板的能力。打击其他人的士气，使公司的业绩快速下滑</td></tr>
<tr><td>信息共享（隐藏性知识），相互帮助、朋友关系、创造出对工作绩效的承诺感</td></tr>
<tr><td>友善的互动既没有产生利益也没有造成伤害</td><td>结党营私：因友谊生成的非正式网络，使得人们可以跳过层级，抛开制度和公正，实现个人目的</td></tr>
</table>

二、团结性（solidarity）

相对于社交性，团结性描述的不是组织成员之间是否相亲相爱。相反，它着重描述的是组织成员对组织任务与目标的共识程度，它的基础理性甚于感情。从赵院长口中的“几个部门推来推去，好几天出不了活儿，没进度”可以看出，该企业的团结性程度十分低，亟须对症下药。

团结性关系是基于共同的目的、共同的利益、清楚了解共同分享的目标而达成的，目标让所有参与者获利，而不管他们喜欢对方与否。在很多情况下，人们从事的工作很少有相同的见解，这种团结性程度低的组织随处可见，但是在面对共同的任务目标时，团队成员行为的团结性与一致性程度都很高，因为他们需要团结起来以高度一致的方式来完成共同的目标。

保持较高的团结性有助于组织顺利完成一些重要的工作，但同时组织中高度的一致性对于组织外的成员有时可能意味着痛苦与无奈。例如当一个来自不同文化背景的人要加入一支工作经验丰富的队伍，而这个小组成员间的工作像一台精准的时钟那样运转有序，我们可以想象外来文化的人将面临怎样的困境，他可能会觉得受到了排斥，并且困惑如何才能在这台时钟上找准自己的位置。高度团结性来源于某种程度的不讲情面及直接对准目标，这样的组织的正负面的表现如表 5 - 3 所示。

表 5 - 3　正负面的表现

<table>
<tr><th>正面</th><th>负面</th></tr>
<tr><td>不讲情面听起来相当无情，但是对顾客和股东而言，却是很正面的动态现象</td><td>太强调专注团队的目标和需求，会压迫或伤害那些阻碍它的个人</td></tr>
<tr><td>员工喜欢工作任务有明确性，了解公司目标和达成目标的方法，什么样的个人表现会获得嘉奖</td><td rowspan="2">最具杀伤力的情况是，团结的行为与态度是装出来的。生活像一场战争，所有人都卑鄙、残酷、为利益而相互对抗</td></tr>
<tr><td>个体的活动帮助组织向目标迈进，并维护共同的利益</td></tr>
</table>

在一个组织中，因其企业文化特性会体现出社交性和团结性某一维度水平偏高的特点，我们可以通过表 5 - 4 中的问题来评估文化组织在两个维度（社交性与团结性）上的水平。被试者的回答表示他们对每一条陈述的认可程度（以 1 ~ 5 分来量），分值越高表示认可程度越高。

表 5 - 4　社交性与团结性维度水平

社交性	团结性
工作时，大家总是其乐融融	人们非常清楚自己的目标
在不同的文化背景下，人们总是相处和睦	在工作中有非常明确的行为守则
工作心情轻松，相互取乐	如果有人工作绩效太差，大家会马上处理

续表

社交性	团结性
结交不同文化背景的朋友	成功永远是第一位的
习惯相互审视批次地工作	善始善终，绝不会虎头蛇尾

第三节　模型选择：为何使用双 S 立体文化模型

一、内部原因

入驻企业做前期调查，我们已经对类似这样的知识型企业有一些基本的认识，这些员工都拥有知识资本，善于利用自己的知识为企业提供服务，并能转化为企业的生产效率。

他们有 5 个方面的需求：自我发展需要、工作自主需要、工作成就需要、财富需要、尊重与参与需要。所以，坚持“以人为本的思想，做好知识型员工的培养和管理工作，并且懂得尊重他们的需求”这一原则，统筹指导工作。

C 市规划设计研究院成立于 1983 年，是全国首批甲级城乡规划设计院，国家高新技术企业。C 院以建设成为“全国一流智库型规划设计强院”为目标，按照“城乡规划公共政策研究机构、城乡规划管理的技术支撑、城乡规划建设的人才基地”的组织定位，多年来不断提升创新能力、学术研究能力和行业影响力，取得了相当丰硕的发展成果。

同时，我们也了解到 C 院的组织架构较为扁平和简单。如图 5 – 2 所示。

基于对该组织的详细了解，我们认为可以采用稍微简单的模型做调查，对组织文化类型进行识别与定位，即用双 S 立体文化模型做一个简单的测评，便于在做企业文化建设时把握好方向。

在组织文化研究中，对其类型的定位非常重要。从关系上说，组织

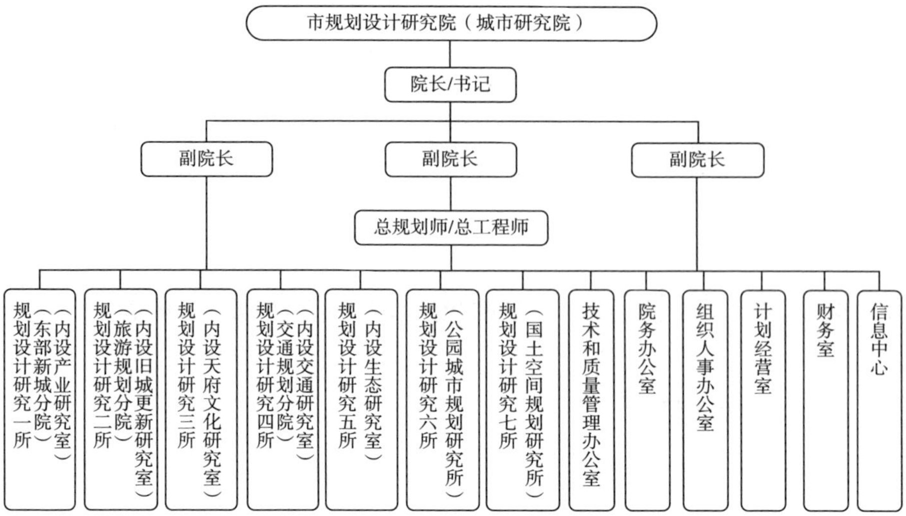

图 5－2　C 院的组织架构

文化既是沟通的目标与结果，又是沟通的环境与背景。管理沟通是创造与提升研究院组织文化的重要手段和关键保证，两者相生相依。

双 S 立体文化模型以社交性和团结性两个基本维度为基础构成要素，并根据两个维度指标从低到高程度划分出四种基本的组织文化类型，即网络型、图利型、散裂型和共有型。每种类型又都有正面和负面两种效果形态，因此形成了四分化立体的模型结构。根据对某一特定组织的社交性和团结性的程度分析，可以得出该组织属于哪一种文化类型，从而针对特定的文化类型提出相应的解决方案，对症下药、有的放矢。

二、外部原因

在研究院行业中，受历史因素和行业发展的局限性影响，研究员关系及人际层面的管理历来被视为研究院管理研究的关键性内容。而双 S 立体文化模型正是从组织的社交性这一研究角度着眼，重点反映了组织文化基于人际方面的特征，恰好与赵院长关注的重点问题相契合。

另外，在我国机构体制及工作同质化的影响下，各类研究院的组织文化有一定的共性。但是，社会在发展，科技在进步，国外先进管理思想也逐步引入，各地各院的组织文化出现了一定的差异性。这与双S立体文化模型理论强调的“稳中有变”的思路再次契合。

因此，无论是从内部原因（知识型企业和扁平化的组织结构）还是从外部原因（与思路和目标相契合）出发，双S立体文化模型显然成为解决赵院长困扰的不二法宝。

第四节　模型定位：四种细分的文化类型

下面我们将从正面和负面的生存准则、优缺点、负面结果、领导者风格、适合该类文化的员工特点，以及如何避免该类型文化的负面结果出发，系统性地总结每一类文化的特征本质，同时给读者本身提供选择工作组织类型文化的参考，读者也可以在阅读的过程中思考C院文化的类型归属。

一、网络型文化（Network culture）

网络型文化拥有高度且健全的社交性及低度团结性的特色，其特点是组织成员之间关糸非常融洽，组织氛围轻松愉快，成员关系更像家人和朋友，这类组织通常具有强烈且令人印象深刻的企业文化特质。在这种组织文化背景下，人们习惯于开诚布公，习惯于以随和、非正式的方式来探讨工作，在网络型文化的负面中极少有竞争状况。在网络型文化背景下，人们通常熟稔自如，而且视自己为团体的一部分。在互联网高度发达的今天，这种文化得以发展与深化。

（一）网络型文化的生存准则——正面的形态

（1）广交朋友。

（2）热心助人。

（3）规则是需要被解释的。

（4）你的事业前途，是你努力的成果。

（二）网络型文化的生存准则——负面的形态

（1）保持警觉，扮演“双面人”。

（2）在会议前确定你已进入状态。

（3）转寄电子邮件给适当的人。

（4）保持低姿态——规避风险成为事业中最重要的管理技能。

（三）网络型文化组织的优缺点

表5－5　网络型文化组织的优缺点

<table>
<tr><th colspan="4">网络型</th></tr>
<tr><th colspan="2">优点</th><th colspan="2">缺点</th></tr>
<tr><td>相互帮助</td><td>主动提供帮助，期望有所回馈</td><td>容忍</td><td>对表现不佳员工的容忍度很高，并给予相当大的解释空间，使得绩效优秀者感到愤怒而经常情绪失控</td></tr>
<tr><td>解决问题的方式</td><td>可以不通过正式的文件，规则不是用来破坏的，而是用来解释的</td><td colspan="2">比如今年夏季多雨，所以没人买冰淇淋——“这不是我的错”，只有网络型文化允许这样的极端存在</td></tr>
<tr><td>弹性——获得工作责任和晋升的途径</td><td>当你有能力和意愿去做另一项工作时，同事会帮助你，也乐意见你成功</td><td>低团结性</td><td>太在意动机而不在意结果，太专注过程而在结果上付出代价</td></tr>
<tr><td>创造力</td><td>创造力可以超越职务阶段在组织中流通，“疯狂”的点子被支持，而不是被嘲笑</td><td colspan="2" rowspan="2">比如当策划一个好产品构想时，不会问“如何将它快速推广到市场”，而是问“下次推广构想的会议，应当请谁参加”，导致分析停顿</td></tr>
<tr><td>工作环境</td><td>有趣的工作环境，提高员工的忠诚度</td></tr>
<tr><td>竞争力</td><td>当组织结构及重要通路很复杂时，网络型文化是强心剂，也是最适当的模型</td><td>高社交性</td><td>高社交性的结果，转向为高度为个人利益而从事的政治活动，信息被分享，但却是有选择的：知道最多的秘密，并懂得用聪明的方法交易；成为阶层架构中最高阶者</td></tr>
</table>

续表

网络型	
优点	缺点
会花一定的时间去架构和维持人际关系，也会减少花在工作上的时间，但这是用极少的成本去获得竞争力的优势	网络型组织中的成员以对其他成员的忠诚度与承诺为优先，其次才是愿景、使命、绩效目标

（四）网络型文化的负面结果

网络型文化的负面表现到极致，也就是高度社交性表象继续存在。人们仍然在走廊里说笑，为即将离去的人举办欢送会，但是每件重要的事，就业务方面而论，都发生在门后面，也就是所谓的“朋友”之间。

（五）网络型文化领导者风格

合格的领导人自有一套办法找出环境气氛透露出的细微差异，并在必要时给予适当的指导。他们知道如何在小处让步以赢得大局，网络型文化通常会由个别领导人良好的人际沟通技巧影响整个团队的表现。

（1）领导人能够敏锐地掌握各级情况，知道团体中谁重要，不管他们的职衔是什么；以精确的顺序与人谈话。

（2）这些领导者有很高的智商，他们有着复杂的激励模式：他们相信人们因为不同的原因而工作，会根据这些原因调整自己的行为。

（3）这些领导者就像公司的心理学家。他们视员工为各自独立的个体，并以不同的方式对待他们。

在网络型组织中有效领导的方式就是融入人群，成为最具魅力的人物。网络型领导者致力于被喜欢，而非被爱戴。负面的情况是，这些领导知道如何在某些情境下处理事情，但是通常是选择性地做。目的不是为了安抚、化解争议，而是为了提升自己，不论这样对公司是否有益。

（六）什么样的人适合网络型文化

表5－6 什么样的人适合网络型文化

如果你是这样的性格	如果你能够做到
你的个性外向，人际关系活跃	能利用非正式的网络系统——不依赖规则、工作指示及组织阶级
具有良好的社交能力、同理心及适应情境的能力（情绪智商）	建立长久的关系——不孤僻
善于建立良好的关系	花时间在谈话上（并非一定要，但是一项任务）
能容忍差异及模棱两可的情形，不需要完善的组织结构及事物的确定性	在为别人下定论前多花一点时间
有能力发现他人复杂的面貌	善始善终，绝不会虎头蛇尾
可以从事政治活动，阻止负面形态的政治活动	有耐心——不要总认为应该马上行动
认为自己是随和、和蔼可亲的	

（七）网络型文化总结

正面的情况下，网络型组织就像一家人，充满关心、分享信息和快乐。创造性和忠诚在这里成长。这些都是“柔性素质”，也正是最坚固的素质。

负面的情况，工作环境是受到地下政治操控的。以竞争力来说，就像是一位拳击手把一只手绑在背后。他拥有有助于组织生产所需的技能，却受到扭曲而走错方向。好的员工无法将最好的工作状态表现出来，市场最后将追上公司的脚步，公司势必痛苦地被迫改变。

网络型文化是世界上人类组织中最稳定的文化之一。

（八）避免网络型组织走向负面形态的4个注意事项

表5－7 避免网络型组织走向负面形态的4个注意事项

征兆	解决之道
大量八卦、谣言和阴谋诡计	对抗造谣者，找出信息来源，并将其公开化

续表

征兆	解决之道
集结党派	调动员工——改变他们的工作，移动工作地点
缺乏效率与行动力的冗长会议	促使会议机构化，限制时间，结论必须具有可行性
讥讽产品	颂扬品质，让员工使用产品，并欢迎他们提供建设性意见

二、图利型文化

图利型文化与网络型文化是完全对立的，涵盖了组织文化特色属于高团结性与低社会性的本质。图利型文化强调保持行为的规范，通过步调一致来完成工作。在这种组织文化背景下，沟通是迅速而直接的，其方式也是坦率而严肃的，以正式谈话的方式为主。图利型文化所隐含的意义包括强烈、专一、果断，这些特性还包括对企业的热情、活力、对目标的感受及亢奋。

（一）图利型文化的生存准则

表 5－8　图利型文化的生存准则

正面的形态	负面的形态
付诸行动	先下手为强
摧毁竞争对手	深藏不露，保留实力
达成你的目标	只做受评量的工作
不要钻牛角尖	专注自己的目标，并且毁掉其他人的目标

（二）图利型文化的特点

（1）图利型文化的永不满足和无情，即使在健全的情况下，也是不能消减的事实。

（2）高度团结性的印记：坚定而强烈的目标、快速完成任务的热情、强烈的共同目的感、如剃刀般锐利地专注目标，以及克服冲突和接受变革所具备的大胆与勇气。

（3）工作就是工作，工作任务本身具有崇高的意义，不需要靠人际关系使他变得愉快，工作本身的挑战性就足够了。

（4）图利型文化的价值就是它本身大于其个体的总和。

在图利型文化中，社交是主要的工具。可以利用它来获得信息、建议，以及洞察力。但是，不是友谊，因为在这里友谊不是重点。

（三）图利型文化的优缺点分析

表 5－9　图利型文化的优缺点分析

图利型文化			
优点		缺点	
赢得胜利	每个人都有共同的目标就是胜利，打败竞争者是前景也是核心；而不是在考虑哪位同事从中能获得多少利益或是升职	永不止息、无情	受过专业训练的人方能胜任，还要专注、精力充沛、仇恨竞争及对目标的偏执，周六加班这种环境驱使人们好斗、紧张，甚至因别人的失败而高兴
解决问题的方式	有能力制订复杂的计划，划分到可执行的步骤	没有人情味	过度专注量化的结论，当个人不能达到标准，就必须被删除，这里没有乐趣
预备、瞄准、发财	目光集中在外面的竞争对手，用外界而非内部的标准衡量成功，产品出色与否依赖市场的认可	目光短浅	目光集中在短期目标上，而不管长期的后果。只关心收入，品质的问题留给客服中心
绩效为导向	要求员工专注营业目标，并以奖励作为报酬系统，绩效是主宰和重心	沟通不畅	目光短视导致团队或部门间缺乏沟通，相互推责，只注重自身的表现，而不在意其他人，由于高度团结仅限于区域之间，竞争变成在企业内部
利益分享	公开给予有功人员应得的回馈，不加个人的好恶，具有公平特质	价值降低	在企业面临严峻挑战或高度混乱时，图利型文化往往招致“快速自杀的效果”

续表

<table>
<tr><th colspan="4">图利型文化</th></tr>
<tr><th colspan="2">优点</th><th colspan="2">缺点</th></tr>
<tr><td>平等的、扁平化</td><td>没有不必要的层级，同时仍有权力中心，所以员工被称为“事业伙伴”</td><td>扼杀创造力</td><td>如果你对不确定的结果无法给予犯错甚至失败的权力，就不可能拥有创造力</td></tr>
<tr><td colspan="2" rowspan="2">图利型文化的附加价值：在需要快速反应的环境中非常见效；在时间急迫及问题简单的时候效果好；公司的成功因素用数字表示时，专注简明的数字目标，就变得具有竞争性了</td><td>信息与知识的分享受阻</td><td>每个人太专注手上的任务，不知道去哪里寻求帮助；他们认为共同学习也会降低工作效率</td></tr>
<tr><td>缺乏忠诚</td><td>心理契约方面的脆弱，当环境困难和有人提供更好的条件时，人们会离开</td></tr>
</table>

（四）图利型文化领导者风格

图利型文化领导者倾向将人类行为简单化。

（1）领导者通常具有超高的成就，使得这个文化最普遍的价值获得强化，同时他们也是组织中主要目标的设定者。

（2）领导者会注意图利型文化中保持一定程度的社交性，并且他们也相当熟悉这方面的技巧。

（3）“我相信在工作中有两种动机可以激励人类，那就是害怕和贪婪。同时利用这两者，这个简单易行的模式使员工极端专注。”——美国国际电话电报公司的哈洛·季宁，他无情地专注赢得胜利。“我最憎恨的伟大上司”“我最喜欢的强势老板”。

（4）负面的图利型文化中，领导对绩效表现的热情在于他个人的标准，可能与公司的标准不同。老板的过分强硬，使他经常无法激发下属最好的表现。他的离去，员工会庆祝。如果在这种状态下加入整合性和小部分的社交性，会取得更好的经营效果。

（五）什么样的人适合图利型文化

表 5－10　什么样的人适合图利型文化

如果你是这样的性格	如果你能够做到
你是目标导向的人	了解你的目标是什么
任务一旦开始，你渴望去完成	与他人清楚地沟通目标与绩效的衡量
你会因竞争力获得激励	让人们对工作负责
你在竞争的力量下茁壮成长	准备好面对冲突而不是去避免它
倾向将“人际关系”摒除在工作之外，你所培养的人际关系都有益于达成工作目标	讲话直接切中要点，不说废话
喜欢保持事情清楚明白，而且倾向是非分明	尽量简化过程及程度，去除复杂与暧昧
有强烈的自我意识	表现出你是赢家；标榜你的成功

（六）图利型文化总结

正面的情况下，带有高度健全的团结性及些许的社交性，它可以是“很棒的”引擎推动力。员工在公平的环境下工作热忱，而且知道方向。图利型文化在竞争激烈的情况下，可以茁壮成长，创造机会和财富。公司、员工、客户和老板之间的合约是清楚而坦白的。

负面的情况下，团结性转向自私，组织变得冷酷。在极端图利的情况下，会为人们与组织带来最糟的东西。

图利型文化的组织适合那些变化快速、猛烈，而且需要高阶管理人员迅速地做出决断响应的产业。图利型文化最好的情况是，可以支撑它的组织具有不败的竞争优势。

（七）避免图利型组织走向负面形态的 4 个注意事项

表 5－11　避免图利型组织走向负面形态的 4 个注意事项

征兆	解决之道
派系斗争（A 单位对抗 B 单位，商业行为不利于公司整体）	复述企业目标与竞争对手；创造机会以串联内部各项活动；公开表扬共同的目标
没有时间思考——永远直接采取行动	实施策略性的复审动作——专注未来；利用“假期”帮助员工暂缓脚步，并展望远景
缺乏规划导致重要的事情无法完成	重新评估评比系统，包括一些需要合作的项目
自我冲突与员工间的复仇	训练员工解决冲突的技巧

三、散裂型文化

散裂型文化的特色是低度社会性与低度团结性。在散裂型文化中，人们并不会对其他人特别友善，他们也不会特别支持体制设立的目标。他们在组织中工作，但只是为自己工作。

（一）散裂型文化的生存准则

表 5－12　散裂型文化的生存准则

正面的形态	负面的形态
使自己有价值	穿着防弹背心去工作
把眼光放在外界的竞争上	学会操控
看重构想或成果，而不是个人	看重自己
雇用聪明的人	只做一定得做的事，绝不多劳
偶尔出风头	

散裂型文化公司的人们并不愿意分享生存准则，这是他们的策略。

（二）散裂型文化的优缺点分析

表 5－13　散裂型文化的优缺点分析

散裂型文化			
优点		缺点	
自由、弹性与公平	除了高绩效不需要别的，员工的评价来源于他的生产力和工作品质。提供给个体最大的自由度和创造力，还有隐私。比如：新闻工作者	妨碍组织机能	个人的伦理标准非常强烈，致使自私和傲慢占据支配地位。会议是强制性的，即使参加也心不在焉
来自外面的欣赏	将注意力集中于外界而不是公司内，这样可以积累他们的人脉资产。新闻记者、律师、医生	没有认同感	对同事和企业，人们只尊重自己，甚至以不好的心态和行为破坏工作
构想是竞争武器	看重构想先于个人，对特异的行为（包括着装等）展现极大的包容性	阻碍团体的需求	信息无法沟通，学习任何东西只能靠自己
成本效益强	人们可以在家中工作，并且具有相同的效率，不需要同在一个写字楼里		
公平和一视同仁	不需要关系而获得晋升		

（三）散裂型文化领导者风格

散裂型领导者是棘手的角色，有经验的领导者持续提醒散裂型组织的成员对团队的义务，要求他们通过正式系统提交报告。强有力的领导者也会鼓励小程度的社交活动。

（四）什么样的人适合散裂型文化

表 5－14　什么样的人适合散裂型文化

如果你是这样的性格	如果你能够做到
你是个内向的人	投资自己，并且不断地积累自己的人力资本

续表

如果你是这样的性格	如果你能够做到
有高度自治的需要，并强烈地渴望在低控制的环境里独立工作	将目标确立在成果上，通盘了解组织的奖赏系统
有强烈的自我意识	确定其他优秀人才能被雇用
认为自己有逻辑分析能力而不是直觉	绝对不让个人的人际关系阻碍你对新构想的评估
倾向严于律己，并且批评其他人的思想	妥善地自我管理，鼓励你的公司给予你更大的空间

（五）散裂型文化总结

散裂型文化的正面形态是个人能实现抱负，并且成为公司竞争优势的来源。散裂型文化负面形态是最具危害性的，危害个人并摧毁公共团体。在双S立方体模型中，散裂型组织文化所占的体积是最少的，仅少数公司长期停留在这种文化中。

（六）避免散裂型组织走向负面形态的4个注意事项

表5－15　避免散裂型组织走向负面形态的4个注意事项

征兆	解决之道
好的员工离职	好好把握巨星级员工；奖励系统必须具有高度竞争性，并且和员工的期望与自我实现相关
员工的生产力报告不实，并且夸大自己对公司的重要性	反复市场测试——以便确认你的公司拥有好的明星员工。利用人力中介顾问找出谁想要你的员工。从客户那儿收集你的明星员工在外界的客观声望资料
直接反对与自己的想法相左者	创造能降低危机的情况——脑力激荡，训练反馈技巧，表彰好的想法
无法了解互相依赖的重要性	发挥领导力，使员工联结在一起

四、共有型文化

共有型文化的特点是社交性与团结性同时保持较高的水平，在这种组织文化背景下的组织成员可以说是挚交密友，无论是在工作上还是私交上，他们都保持着紧密的联系。由于该类组织中的成员相互依存性非常高，以至于你很难将他们归类于某一特定的文化。人们之间的交流与沟通畅通无阻，能贯穿整个组织的各个层次，同时沟通方式也是多种多样的。由于成员之间关系极为和睦，相应的是划分文化的界限不甚明显。在共有型文化背景下，成员对其组织有着高度的认同感，在他们身上有着共有文化的烙印。

（一）共有型文化的生存准则

作为是网络型和图利型组织的混合体，组织内既有友谊和承诺，也专注目标和活力。

表 5－16　共有型文化的生存准则

正面的形态	负面的形态
加入大家庭	离开你的家庭
喜爱产品本身	不担心竞争
生活在信条之下	教育（愚蠢）的顾客
跟随领导者	只听取同事的意见
打能赢的仗	屈服于领导者

（二）共有型文化的优缺点

表 5－17　共有型文化的优缺点

共有型文化			
优点		缺点	
真正的友谊	人们通过工作可以建立真正的友谊，像家人一样的亲密感	忽视家庭	社交行为过渡时，外人无法体会到共有型文化成员的使命、热情，他们甚至将家庭排除在外

续表

共有型文化			
优点		缺点	
喜欢自己的产品	说明对自己公司产品的热爱和支持，不仅是最佳的选择，还是唯一的选择	忽视竞争和教育顾客	对自己产品的过度信任和迷恋，使得对竞争不敏感，甚至让顾客改变去迎合产品
信条衍生出来的价值观	强生公司的信条：珍惜并尊敬所有使用公司的“医生、护士、母亲和父亲”，“我们的股东是我们最终的责任”。团结内部力量对抗竞争者	屈服于领导	极具魅力的领导者可能会扼杀组织中所有异议，导致组织僵化
		领导者离职	强有力的领导者在离职后，如果没有合适的接班人可能会导致组织的瓦解

（三）共有型文化领导者风格

共有型文化领导者需要平衡社交性和团结性的关系。

（1）领导者具备高度的吸引力，其自身的行为被视为高度社交性和团结性的典范。社交性和团结性本身是对立的，把它们放在一个人的身上使其模式化，让其他人效仿非常有用。

（2）领导者必须善于鼓舞人心。

（3）领导者建立公司风气与工作议程，像太阳一样指挥着组织内的人员围绕运行。在共有型文化中，一位中心人物与一个中心思想结合为一体，员工则是这位灵魂人物的追随者。

（四）什么样的人适合共有型文化

表 5－18　什么样的人适合共有型文化

如果你是这样的性格	如果你能够做到
你是一个理想主义者	将组织置于最高地位（高于家庭、个人生活等）

续表

如果你是这样的性格	如果你能够做到
有强烈的需求想要与比自己强的人共享	实践教义——生活在价值中
你认为自己有高度的热情	花时间和同事讨论工作、产品价值和竞争
你喜欢团队合作	贴上卷标——也就是说，明确定义自己在组织中的地位和角色
随时准备好牺牲自己以追求卓越	让工作有趣

（五）共有型文化总结

当共有型文化运作顺畅时，能够发挥意想不到的力量和效果。如果投入相当大的精力与渴望在共有型文化中，它产生的竞争优势和个人成就感十分值得。共有型文化也是一项独特的管理挑战，当所有共有型文化的价值定位之后，它们很难保持在平衡的状态下。

共有型文化不是每一个组织最正确的选择，它适合存在的环境，包括共有型文化产生于领导者极富魅力的小公司，或者存在于社团。比如：慈善机构和宗教机构等公益性组织。

（六）避免共有型组织走向负面形态的 4 个注意事项

表 5－19　避免共有型组织走向负面形态的 4 个注意事项

征兆	解决之道
自满——低估竞争对手	定期审视评量的基准点；将自己和其他组织做比较
过分相信自己的信条	创造机会让大家讨论和批评原有的信条
对于价值抱持光说不练的态度	确认价值与相关行为建立在评估与奖励系统上
无法从别的组织学习	尝试接触外界（利用结盟和聘用顾问带新进员工）

第五节　模型应用：精准定位，对症下药

在对组织文化面貌进行初步的识别之后，需要制定相适应的管理沟通策略来优化、改善及稳定适合研究院组织文化状态。事实上，组织文化与管理沟通是一个双向影响的过程。一方面组织文化全方位地影响着组织的内部管理沟通，对成员的沟通行为及理念具有一定的牵制作用；另一方面日常的管理沟通工作也会对成员的组织价值观及行为准则进行持续不断的灌输。因此，只有维持这种双向交流，才能使组织文化更加完善。

所以，本次测评使用的双 S 立体文化模型划分的组织文化类型主要依据社交性与团结性的高低程度及其交互性。事实上，无论是基于感性的社交性还是基于利益目的的团结性，都内含着矛盾，并处于不断变化中。两维度均处于高位的组织文化对研究院而言无疑是一种理想的完美状态，但是难以实现。

由于四种组织文化类型的利弊之分主要归结于社交性和团结性这两个维度的高低影响，因此研究院管理者在制定管理沟通策略时，可以本着优化双 S 立体文化指标的原则，即依据研究院社交性及团结性维度各自的指数水平，特别针对某一维度的低值倾向，重点考量并制定基于提升和优化低值指标的管理沟通策略，确保管理沟通工作的针对性，有助于平衡和稳定研究院的组织文化状态。根据统计结果，对于在团结性低值情况，我们从个体、部门和组织整体三个层面如何实施管理沟通的策略进行了研究和论述。

根据对低团结性的利弊分析结果，可知研究院的管理沟通障碍主要体现在以下三个方面：

（1）崇尚友谊而导致竞争乏力和绩效受损。

(2) 小团体和非正常组织盛行而导致研究院工作程序受损及整体目标被架空。

(3) 研究员缺乏理性的批评与自我批评。

而提升团结性指标的重点，在于提升研究员对研究院的集体使命感，明确并增强其组织承诺，缩小组织内小团体带来的不利影响。

就个体层面而言，鉴于地位及角色差异的影响，心怀疑虑的研究员不善于或不情愿将自己的真实想法告知上级。因此，针对研究员个体的沟通不仅要考虑研究员的性别、年龄、职务、职称、综合能力、家庭及社会经历等因素，还应找到“问题研究员”（如离职者）了解其真实感受及期望，保证沟通切实有效。个体沟通应着力建立起个人对研究院这一整体的信任和使命感。

需要明确的是，信任建立在意图和承诺沟通无误的基础上，院领导应在沟通中重点考虑以下方面，包括本院未来的发展前景、良好的培训及继续教育机会、利益分配的公正公开、院务信息的公开透明、工作中有充分的发言权、研究员工作富有的意义、如何实现研究员个体与研究院发展的双赢等。要努力增强研究员工作的使命感和自豪感，认识到自身工作的重要意义，将工作真正视为自我实现的途径，提升研究员对自身工作的肯定和对研究院未来发展的期望。另外，适度地增强研究员的危机意识，对于帮助他们更好地开展工作和学习，发挥个人能力也将起到积极作用。

就部门层面而言，应在纵向沟通方面发挥积极的主导作用。众所周知，纵向沟通是提高研究院运转效率及实现整体组织目标的基础，而部门作为研究院的基础组织单位，发挥上情下达及下情上知的纽带作用。纵向沟通包括下行沟通和上行沟通。前者是沟通主体，后者是沟通关键。

强化下行沟通，部门领导应将院领导的相关信息发布严格无遗漏地传达到研究员，并引导研究员对研究院的各项信息政策、目标、任务、要求及规范等进行正确的理解并乐于接受。强化上行沟通，部门领导有责任并敢于将研究员的真实想法和诉求向院领导反映，在建立上下级信任度方面发挥积极作用，辅助院领导营造民主开放的整体氛围。纵向沟通的顺畅可以有效地减少小道及失真消息的传播，同时有利于消除小团体及其带来的不良影响。

从全院的组织层面，院领导应着力构建提升团结性的沟通网络和机制。在沟通媒介方面，除利用面谈、电话、纸质文件传递这类传统类型外，还可充分应用基于网络的新型沟通媒介，如QQ、微博、微信或院务办公系统等，消除信息壁垒，提升院务工作纵向沟通的及时性和有效性。

在沟通体系上，要建立信息透明公开的沟通例会制度，本着民主开放的原则进行院务公开，在严格本院规章制度及工作守则的同时，院领导应充分考虑研究员的实际诉求，增强研究员院发展的合力。同时，要建立健全研究员院的激励机制，通过采用物质激励与精神激励相结合的方式，建立科学、规范、人性化的激励制度，提高研究员的竞争意识，激发研究员的工作潜能，鞭策研究员将目标化作实际动力，并实现个人目标和研究院发展目标相结合。另外，可以考虑给研究员提供参与管理的机会，减少或消除研究员的信息理解障碍，实现全院一盘棋的管理理念。

我们共同的目标是将拥有不同知识文化、社会经历及家庭情感等因素背景的研究员汇聚到一起，并营造出能令他们接受的价值观，引导他们遵守工作准则并形成优良的工作作风和团队意识。归根到底，建设固有自我特色又充满激情和活力的企业文化体系，实现企业个人共同进步、共同发展、共同升值才是最终目标。

“谢谢你们，这半年来感觉院里的风气越来越好了！”赵院长给我们的反馈证明了双S立体文化模型确实是处理企业社会性和团结性问题的强效良药、对症良方。

第六节　模型补充：运用说明与注意事项

赵院长和他们研究院的故事暂时告一段落，但是如何运用双 S 立体文化模型，用什么工具测试企业的文化定位，企业的文化形态是否一成不变，倘若改变，又是如何演化的呢？在用双 S 这味良药时，上述细节都是值得我们特别关注的事项。

一、运用双 S 立体文化模型需要注意的四个要点

第一，我们可用某种类型来形容一家公司，但大部分的公司同时包含各种文化。

第二，这四种形态的文化显露出一种生命周期。如图 5－3 所示。

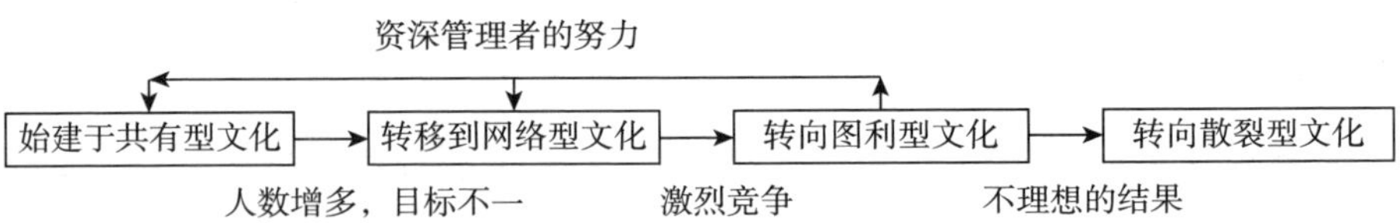

图 5－3　四种形态的文化

第三，这四种文化形态，不论是网络型、图利型、共有型还是散裂型，没有一种是绝对的好和坏。

第四，每一种文化都可能是“有益机能性的”或“有碍机能性的”，这也是双 S 立方体模型是三维空间的原因。

二、探索企业文化形态的四种测试方法

1. 第一种工具——观测量表

项目一：实体空间。

空间经常能告诉你一些关于地位、权力和关系方面的事。在办公室里谁拥有大部分的空间，这些空间坐落在何处？办公室的装饰？空间的功能性是否所有东西都运用在与工作相关的活动上？是否有空间被规划使用于社交活动上？

项目二：沟通。

人们喜欢用电子邮件、电话或是传真来交换构想及信息的传递？花多少时间面对面地交谈？有些企业人声鼎沸，有些企业一片沉寂。在企业中层级和功能组织会妨碍有效沟通吗？当人们面对面讨论时，是以小组形式还是一对一的形式？是正式的还是发生在咖啡桌旁的闲谈？沟通网络的运作景象，谁扮演了主要的角色，而谁又不在这幅景象中？

项目三：时间。

人们如何管理自己的时间。花多少时间在工作上？长时间工作是否为普遍现象？公司对于工时很在意？人们在这家公司通常会待多久？在企业中，认识一个人需要花多少时间？人们很快地与别人分享他的个人生活还是共事多年还互相不了解？

项目四：认同。

人们如何表现他们个人的特性。人们是否尽可能在穿着打扮和说话方式上，使自己和别人看起来相似？你是否只能以某种特定的方式才能展现自我？企业文化是否鼓励你展现个人风格？人们在离职时会有庆祝会表示尊敬吗？离职的人会向下一个公司的同事或朋友推销前公司的产品吗？是否有一个阵容强大的离职人员俱乐部？

2. 第二种工具——问卷调查表（评估组织文化）

表5-20　问卷调查表（评估组织文化）

调查可以是整个公司、事业部、部门或是一个小团队。共有23个问题，指出你同意或不同意的程度					
问题	非常不同意	不同意	不置可否	同意	非常同意
我现在评估的团体非常清楚自己的企业目标	1	2	3	4	5
人们打从心底互相喜欢	1	2	3	4	5
人们遵从清楚的工作方针和指示	1	2	3	4	5

续表

问题	非常不同意	不同意	不置可否	同意	非常同意
人们相处得很好，没有争论	1	2	3	4	5
不好的绩效表现，会迅速、严格地被处理	1	2	3	4	5
人们经常在工作外进行社交	1	2	3	4	5
团队表现出强烈的求胜心	1	2	3	4	5
人们因为喜欢对方而帮助他	1	2	3	4	5
有机会占据竞争优势时，人们果断地行动	1	2	3	4	5
人们交朋友纯粹是为了友谊，而不是为了其他目的	1	2	3	4	5
有共同的策略目标	1	2	3	4	5
人们会向别人吐露私事	1	2	3	4	5
人们建立长期而密切的人际关系——有一天或许会从中获利	1	2	3	4	5
赏罚分明	1	2	3	4	5
人们对其他人的家庭状况很熟悉	1	2	3	4	5
团队要打败的敌人很明确	1	2	3	4	5
人们被鼓励去完成工作，方式不限	1	2	3	4	5
达成目标是唯一重要的事	1	2	3	4	5
为了完成工作，你可以在系统里运作	1	2	3	4	5
开始实行的项目都被完成	1	2	3	4	5
当人们离开时，同事会保持联络，知道对方过得如何	1	2	3	4	5
工作职责很分明	1	2	3	4	5
人们互相维护	1	2	3	4	5

分析方法：

社交性：问题包括2、4、6、8、10、12、13、15、17、19、21、23，将这些问题的得分相加，即为社交性的分数。

团结性：问题包括1、3、5、7、9、11、14、16、18、20、22、23，将这些问题的得分相加，即为团结性的分数。

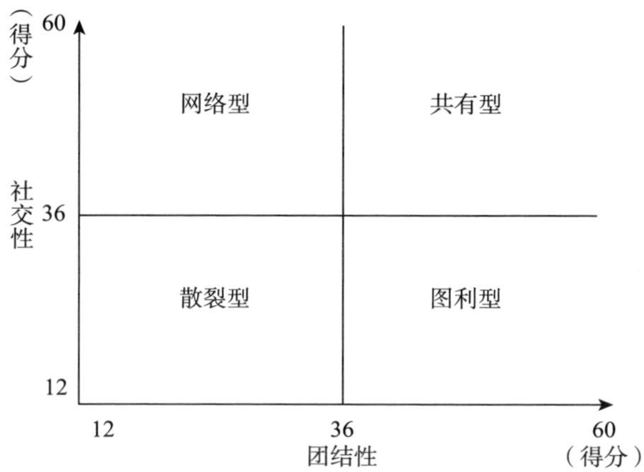

图5－4 评估组织文化

3. 第三种工具——利用第二项的结果，辨识企业文化形态，并检测它属于正面或负面形态

根据第二部分所得出的文化形态，回答问题，找出组织文化显示的特征是正面还是负面？

表5－21 文化形态

网络型					
问题	非常不同意	不同意	不置可否	同意	非常同意
1. 在这里有许多八卦信息	1	2	3	4	5
2. 紧密的关系有助于迅速沟通	1	2	3	4	5
3. 发表会都是作秀，没有实质内容	1	2	3	4	5

续表

网络型					
问题	非常不同意	不同意	不置可否	同意	非常同意
4. 人们不允许规则限制他们：他们跨越了官僚体系	1	2	3	4	5
5. 友谊经常阻止人们做出严厉的决策	1	2	3	4	5
图利型					
问题	非常不同意	不同意	不置可否	同意	非常同意
1. 绩效评估系统使得人们以阴险的手段恶性竞争	1	2	3	4	5
2. 人们最在意的是个人的目标，其次才是整个组织的绩效	1	2	3	4	5
3. 人们花很多时间调查自己在敌对公司中的价值	1	2	3	4	5
4. 成功或失败的定义明确，是有共识且公开化的	1	2	3	4	5
5. 公司各部门由于太专注达成自己的目标，而损失了需要合作才能得到的商机	1	2	3	4	5
6. 事情的优先级可以很快被决定，其他人也坚决遵从	1	2	3	4	5
散裂型					
问题	非常不同意	不同意	不置可否	同意	非常同意
1. 个人可以不受干扰	1	2	3	4	5
2. 人们很少将其他人视为同事	1	2	3	4	5
3. 组织的成功主要是个人成就的总和	1	2	3	4	5
4. 人们回避会使整个组织获益的例行工作和活动	1	2	3	4	5
5. 规则或会议很少阻碍到工作	1	2	3	4	5
6. 人们试着避开同事	1	2	3	4	5

续表

共有型					
问题	非常不同意	不同意	不置可否	同意	非常同意
1. 团队中拥有获得成功所需的资源与信息	1	2	3	4	5
2. 人们向其他人质疑我们要做什么与如何做	1	2	3	4	5
3. 组织的领导人几乎是不可能替代的	1	2	3	4	5
4. 人们强烈地认同、实践某种价值观	1	2	3	4	5
5. 人们有自信，对未来有信心	1	2	3	4	5
6. 全体成员会讨论及分享构思	1	2	3	4	5

在 1、3、5 项目得分高，表明文化是负面型。

在 2、4、6 项目得分高，表明文化是正面型。

4. 第四种工具——提出 10 个情境，去辨识组织中的人在这些情境下的反应

从公司处理成功、失败、创新与改变的方式，来了解许多事。根据第二部分企业文化形态的结果，参照相应形态的情境做出选择。每一种文化形态有 10 个情境。

三、企业组织文化形态的“倒 Z 形”移动演变过程

在网络型、散裂型、图利型和共有型四种文化类型之间，是可以随着企业组织内部或外部环境及条件的变化而发生改变的，具体的过程及模式如图 5 – 5 所示。

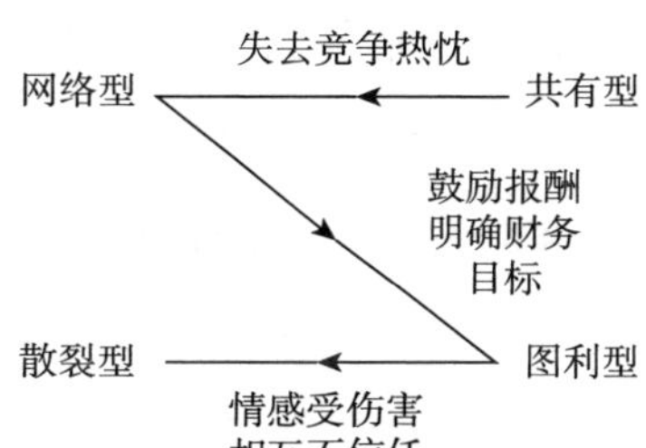

图 5 – 5 “倒 Z 形”

对于企业组织演变过程的一些建议：

第一阶段：从共有形态到网络形态。

（1）避免让友谊影响商业决策。

（2）确认评估系统保持在客观计量的水准上。

（3）提醒每个人存在的重要性与竞争力的好处，防止自满。

（4）让使命活起来，别让它成为一块中看不中用的石碑。

第二阶段：从网络形态到图利形态。

（1）确认所有新的评比、标准，或是目标都是可被接受的，而不是一种负担。

（2）解释改变的理由，即使会让人不舒服。

（3）提出长期的愿景，支持员工度过痛苦期。

第三阶段：从图利形态到散裂形态。

（1）持续与员工对话（防止组织迈向散裂形态，标志：矿工数会增加、会议出席率降低、排斥社交行为）。

（2）如果必须遣散员工也要做得富有人情味、慷慨，而且维护员工的尊严。

（3）保有明星员工。

四、协调社交性和团结性两个维度的相关水平

（一）增强社交性的方法

（1）招募合得来的人，促进同事之间对公司想法、兴趣与情感的分享，这些人必须是可以成为朋友的。

（2）增加员工建立真挚社交互动的机会。

（3）一砖一瓦打造社交性。

（4）设计具有改善作用的建筑结构。

（5）增加非正式活动与限制阶层的差异性。

（6）创造关怀文化。

（二）拆散社交性的方法

（1）分离派系。

（2）挑战政治活动与苛刻的批评。

（3）“如果你不是解决之道的一部分，你就是问题的一部分。”要减少负面的社交行为，每个人必须认识到自己是解决之道的一部分。

（4）创造共同目标与急迫感。

（5）建立不安的机制。

（6）联络行动与成果。

（三）增强团结性的方法

（1）使用品质导向的行为评估方法，数字不是评估绩效的唯一方法。

（2）增强其他价值观，让大家分享彼此的理念或相互合作。

（四）拆散团结性的方法

（1）打破部门间的界限。

（2）打破员工心理上分你我的界限。

（3）使员工深切体会竞争。

（4）要求行动上的承诺。

五、案例应用：双S立体文化模型的示例量表

对于社交性和团结性两个基本维度水平的测量，需要在明确概念、特点及表现的基础上，结合组织特点，设计调查问卷结构性访谈内容，再通过走访、座谈、问卷调查等形式进行实际测量。测量结果进行科学统计分析后得出两个维度的高低分值组合，进而归结出组织文化所属的四个基本类型。

评估社交性水平测试题示例

评估所在企业的社交性水平，请选择：①非常不同意；②不同意；③不好说；④同意；⑤非常同意。

（1）我和同事乐于相互了解并努力强化我们的关系。

（2）我和同事相处非常愉快。

（3）我们部门/团队经常在工作时间以外交际。

（4）同事彼此欣赏。

（5）当有人离开我们部门或者团队，我们依旧会保持联络。

（6）同事们彼此欣赏是因为有很多共同点。

（7）我的同事经常秘密地讨论私人事项。

评估所在企业的社交性水平，请选择：①非常不同意；②不同意；③不好说；④同意；⑤非常同意。

（1）我们的部门或者团队能够理解并分享同样的组织目标。

（2）我们的工作能够有成效和有成果性地完成。

（3）对不佳的工作表现，我们的部门或者团队会采取强有力的行动。

（4）我们企业集体成功的意志很高涨。

（5）当有利改善工作的机会出现，我们能迅速加以利用。

（6）我和同事能分享共同的企业发展战略目标。

（7）我们了解谁是潜在竞争对象。

结语：对于知识型企业来说，如何管理好一群高知并且有想法的职员一直是众多领导者需要解决的难题，从 **C** 市赵院长的研究院这一例子出发，我们通过诊断——利用双 **S** 立体文化模型，识别研究院的基本文化定位；寻因——探索其症结背后的机理、原因；用药——针对低团结性提供不同层次的建议，对症下药，为研究院开出一剂良方，最终药到病除。这也体现出双 **S** 立体文化模型在快速定位知识型企业文化特征上的高度适用性和有效性。具体体现在该研究院上，从前架构发展过快的弊病，已随着咨询师的意见落实逐渐消解，更健康的企业文化正逐步更新建立起来。用双 **S** 立体文化模型“解剖”知识经济企业文化，药到病除，赵院长看着此次咨询的成果会心一笑。

第六章

一张企业文化量表疏通发展瓶颈：奎因竞争性文化价值模型

风波骤起

“行业竞争太激烈了，奇妙出版社又挖走我们一个大编辑！”

“听说，负责技术类图书的刘社长下个月也要离职了。”

“咱们这个有70年发展历史的老国有文化企业，是真的行将就木，就此枯槁了吗？

办公室的小编辑们正在聊着天，句句直戳王琳的心窝子。作为L出版集团有限公司的HRVP，她对于最近专业人员的流失也是非常头疼。

L出版集团有限公司是成立于1950年的大型国有文化企业，是L省文化龙头骨干企业。目前业务覆盖全省16个市120多个县，服务网点近400个，经营范围辐射全国及东南亚国家，公司本部有员工近百人，中层管理人员约占30%，其中高层管理者7人，2019年营业收入超45亿元，剔除免（退）税等因素影响后，利润总额近3亿元，已经成为全省最大的出版物发行市场实体。

“单位是个好单位，就是没发展，做什么决定都慢，跟不上互联网时代的发展。”

“作为文化企业，自己的企业文化一团糟糕，都是几十年前的老路子，怎么能吸引有能力的新鲜血液？”

“不管黑猫白猫，抓住老鼠就是好猫，能赚钱的企业不就是好企业吗？”

“可持续发展性略差！”

是时候做出一些改变了。

绝处逢生

为了激活公司员工，王琳带领HR团队，连同行政部门一起策划设计了多次员工活动，诸如别出心裁的生日会、全员运动会、双月一次的出版知识小竞赛等，活动倒是红红火火，但是效果甚微，人员流失率依然要比往年高出好几个百分点。

劳而无功使得组织者有一些倦态。为了更好地赋能公司员工，王琳也参加了很多学习沙龙。为自己补充能量，才能永远保持好的状态面对工作。

这一天，王琳早早来到会场，今天听课的主题是“深度对话丨国有企业文化变革之路”，同样是国有企业，45 年发展历史，同样遭遇发展危机，王琳对话题非常感兴趣。

“我们也是因为发现了很多文化建设的问题，脱离企业实际，影响企业效率才决定做一些改变的。”

“在这次文化诊断和治理的过程中，也确实发现了很多平时我们以为做得不错，但没有抓住本质的事情。”

“……”

“只能说这次变革非常有效，经过一年多的变革，整个集团高层都表示感受了很多变化，员工的集体荣誉感更强了，团队凝聚力提升了，企业推行一些创新的技术也更顺畅了。有种轻装上阵、上了高速的感觉。”

这些话像是打在孙悟空头上的那一板子，突然就通透了。“或许不是我们做的事情有问题，而是企业环境需要松松土。”

雷厉风行的王琳立马考察市场、撰写方案、申请批复。老领导陈生对于王琳的做事风格很了解，她要做的事情一定能做成。况且老领导陈生也很头疼最近流失率在高位盘桓的事情，任何能够帮助解决问题的方案，老领导都非常支持。

第一节　模型简介：何为奎因竞争性文化价值模型

奎因竞争性文化价值模型是由美国组织行为专家奎因（Quinn）1988 年提出的竞争性文化价值模型。该模型把企业文化指标按照内部外部导向和控制授权两个维度进行分类，最后形成四个基本价值模式。该模型通过内在 – 外在、控制 – 灵活两个维度，将组织文化分为目标、规则、支持、创新四种导向，用来实证分析各种导向的文化类型对企业竞争力的影响。

一、发展过程

奎因竞争性文化价值模型从 20 世纪 90 年代开始在世界范围内被国际上一些著名的咨询公司和研究机构广泛应用，模型本身也在实际运用中不断得到发展和完善，逐渐成为一种国际上比较权威的企业文化分析工具。1989 年，美国著名咨询专家爱迪思提出了企业生命周期理论，从企业不同发展阶段如何选择恰当的决策模式和管理风格的角度，进一步验证和发展了竞争性文化价值模型，这个模型不但能够度量企业文化的实态，而且能够为未来的文化发展提供策略指导。基于此竞争性价值观框架，奎恩和卡梅隆构建了 OCAI 量表以高效测评，对企业文化价值精准定位。

二、分类

通过奎因竞争性文化价值模型，我们可以看到，组织文化类型主要包括四个主要方面、两个维度：

- 根据组织关注的工作内容不同，可将企业划分为组织内部取向文化和外部环境取向文化。
- 根据组织采取的工作方式的不同，可将企业文化划分为过程控制型文化和灵活自主型文化。

表 6 – 1　组织文化类型

工作内容 工作方式	内部取向	外部环境取向
过程控制	层级规范	市场绩效
灵活自主	团队支持	灵活创新

综合组织关注的工作内容和采取的工作方式，可将企业划分为团队支持文化、灵活创新文化、市场绩效文化、层级规范文化四种类型。

- 团队支持文化更注重授权、沟通和以人为本。
- 灵活创新文化更注重反应速度、客户意识、变革意识。
- 市场绩效文化更注重市场竞争意识、风险意识和绩效导向。
- 层级规范文化更注重集权、等级和规范。

任何企业的文化都不会单纯表现出一种类型，而是某一种文化类型占据主导地位，其他文化类型较弱，即企业文化是多类型文化的融合；企业文化的四种类型既相互补充又相互制约，当团队支持导向处于强势地位时，其对立的市场绩效导向就会偏弱；我国大部分国有企业具有严格的层级规范导向，其灵活创新导向就显得不足。正是这种补充和制约，使企业在面对市场变化时会出现相应的调整和改变，以迎合市场的需求。

第二节　模型剖析：深入了解奎因竞争性文化价值模型的四个基本导向

奎因竞争性文化价值模型认为，如果将“对内－对外”“控制－灵活”组成两个维度，在这两个维度的基础上就可以派生出四个象限，如果每个象限都代表着一种文化导向，又可以把企业文化分为四个基本导向：**目标导向、规则导向、支持导向、创新导向。**

“过程控制”与“灵活自主”、“外部发展”与“内部运营”对于企业来说都是必要的，它们之间的关系都是对立统一和相辅相成的，只是企业在不同时期对它们需要和使用的程度不同而已。每个企业的文化在同一时期都存在以上四个导向，只是在不同历史条件和阶段下呈现的各个文化导向的强弱程度不同而已，并且四个导向都具有自己相对的关联特征。

一般而言，企业文化在企业的不同发展阶段，呈现出不同的导向，企业文化的发展都遵循一种螺旋式上升的路径：创新导向——目标导向——支持导向——高层次的创新导向，以此进行企业文化的不断演进，推动者企业管理一步一步地迈向更高层次，并形成螺旋式上升态势。

从模型来看，创新导向、目标导向都偏重面向外部发展，规则导向和支持导向偏向内部运营。当然，内部运营也需要创新导向和目标导向，但检验所有创新性工作及其工作目标是否有效的根本标准在于它们是否有利于企业的外部发展，是否有利于满足用户的需求、保障企业盈利。如果方向偏离，越强的“创新”，越大的“目标”，则越危险。例如市场活动，不论其形式多么“创新”和“精彩”，如果只有自己人看，就不叫“创新导向”（在进行前期文化诊断时，需要注意“在工作中，不要因为过分注重形式表现目标，而忽视更重要的目标——有效地促进企业外部发展和让客户更加满意”），通过“模型”实证分析不仅可以看到所有的工作成效最终都要与外部发展联系起来，还进一步证明“促进企业的外部发展是衡量所有工作成效的最终标准”。

从理论上看，企业文化导向的健康状态应该是菱形。实际上，国际上成熟且优秀企业的文化导向大多呈现为一种倒梯形，即支持导向和创新导向较强，规则导向和目标导向较弱。这已经成为当前国际优秀企业努力追求的文化模型。

第三节　模型选择：为何使用企业文化量表

旗开得胜

前期沟通比较顺利，咨询项目组入场后迅速开展工作。不出两天，项目经理丁川就申请召开项目沟通会议。

“收到本次企业文化诊断和治理案例，我们针对行业和本公司做了一些前期了解，本次沟通主要是对齐大家的需求。下面先了解行业背景：

“第一，行业竞争激烈。目前全国共有出版社 584 家，由于国家对出版社的业务经营许可管理较严，行业准入相当严格，出版业成为特殊行业。一般图书出版方面，国有出版单位才拥有专有出版权，而民营出版企业只能和国有出版单位进行合作出版。近年来，民营出版企业机制灵活，发展迅猛，渗透力和竞争力不断提高，市场环境和行业竞争愈加复杂。这就要求传统的国有出版企业转变思想认知与经营方式，跟上时代的步伐，才能健康成长。

“第二，出版行业的发展趋势。图书细分市场结构变化，逐渐向大众图书倾斜，线上与线下渠道格局趋向稳定；行业集中度提升，大型传媒集团成为发展趋势。国有出版企业是否能够抓住机会实现转型，将对企业的发展有非常大的影响。

“第三，L 集团的发展需要。出版业当前正处于转企改制的关键时期，培育和建设中国特色社会主义的集团企业文化，对促进集团改革、发展、创新，推动出版业的进步具有重大而深远的意义，先进的企业文化日益成为企业发展的动力，文化管理成为当代企业管理的一个重要特征，所以建设符合自身特色的企业文化体系显得尤为重要。

“这次我们期望收集各位领导对于本次调查的一些期待和要求。”咨询公司项目经理丁川汇报完着调研结果，继续收集需求。

“我希望能够全员参与这次调研，一方面让大家看到我们想要改革的决心；另一方面希望更全面地收集意见，更好地推进后期的落地工作。”老领导陈生提出了自己的期望。

“现在情况比较紧急，有没有稍微快速一些、高效一些的方法收集整理意见，尽快完成落地方案？”HRVP 王琳跟着补充。

“除了现在的情况调查，也想了解大家对于未来的期望，不知道怎么能实现更好的调查？”另一位高管也发表着意见。

“基于各位领导的建议，我们也准备了几个模型供大家选择。针对咱们本次做企业文化诊断，我们更推荐采用 OCAI 企业文化量表模型。”

“OCAI 体系 20 世纪 90 年代开始在全世界上千家企业上万名管理人

员中广泛应用，具有较高的可信度，逐渐成为一种学术上比较权威的企业文化分析工具。通过该体系模型中的企业文化诊断工具，以其精准有效的特点，可以高效准确地厘清企业文化的发展脉络，进而建立起具有企业自身特色和涵盖企业自身优势的企业文化体系。

“OCAI 量表是当下在企业文化建设中应用最成熟的量表之一，其耗时短、见效快的调查问卷和面对面访问的操作形式无疑是高效率获取企业文化现状的良好方法。

“与咱们本次项目相结合在实际的项目应用过程中，OCAI 企业文化量表模型有以下优势：

“第一，实用有效性强。可以在较短时间内让调研者对企业的文化发展情况有一个相对完整的了解和熟悉，甚至可以深入渗透公司各层级员工，挖掘不同年龄和不同层级的员工对企业文化的共同认同，以及他们所期望的将来的企业文化状况。

“第二，全员参与度高。组织里的领导和普通员工均可以参与诊断的每一个步骤，特别是对组织文化建设者和最终确定组织文化方向的高层决策者都可以参与调查访问的每一个步骤，还可以同时兼顾定性分析和定量分析。”

“好，就按照这个模型来做。我们精益求精的同时也要保证效率。”老领导陈生最终拍了板。

第四节 模型分类：详述奎因竞争性文化价值模型的四种文化类型

一、层级规范型

（1）主要特点。

- 人们在非常正规和等级森严的工作场所里按程序工作。

- 好的协调者和高效专家被看作是好的领导。
- 维持组织的顺畅运作至关重要。
- 组织靠严格的制度和政策结合在一起。
- 组织长远目标是稳定和高效的生产运作。
- 管理员工的重点是确保雇用关系的稳定和可预见性。

层级规范型文化组织一般都完善了信息和控制系统，组织层级规范严格、程序标准，多层级多级别，组织文化价值观高效，步骤流程清晰，操作手册详尽。组织培训的目的是让员工了解和遵从上述内容和标准，下级要向领导定时汇报工作进展情况，领导对投入比产出重视，在决策时往往偏于保守而拘谨。组织提倡的文化是安全、稳定和秩序，组织通过信息管理达到稳定不均衡发展的目的。与这种类型相匹配的文化代表着一个高度制度化和机构化的工作场所，规范的程序告诉人们要做什么。有效率的领导是组织的优秀协调者和组织者，维持组织处于顺畅的运行状态非常重要。稳定、可以预见和效率被看成是组织长期关注的东西。正式的制度和政策把组织黏合在一起。

（2）典型案例。

从典型的美国快餐连锁店（例如麦当劳）到大型联合组织（例如福特汽车、丰田汽车等大型公司）及政府部门（例如司法部），这些组织（或机构）都向我们展示了层级规范式文化原型的例子。

大型组织和政府部门通常都是层级规范严格的组织文化，这些都可以通过大量的标准程序、多层等级级别（如福特汽车公司有 17 层的管理体制）和强调增强制度管理等事实来证明。

即使在较小的组织中，例如麦当劳连锁店，等级制度也占主导地位。比如在一个典型的麦当劳餐厅中许多雇员都是年轻人，他们在此之前都没有工作和受训的经验，并且所有连锁店售卖的产品都是一致的。核心价值观就是如何保持效率、可信度、平滑的流程。新雇员在初期只被要求做一项工作，例如炸薯条；对这项工作几乎没有任何描述，因为生薯条都是从中央供应商那里装在标准的包装里运来的，工作时温度等都是预设好的，指示开关会告诉员工什么时候把薯条拿出来。

制度告诉员工：在指示开关关闭和薯条必须被拿出来之间只有几秒钟的间隙，同时他们只能在高热灯下一定的时间。这本每一个员工必读和考核的操作手册有350页，包含从员工着装到工作行为的所有规定。对这些知识的掌握是员工升迁的指标之一，升职在快餐店中可能要完成一系列的步骤，升到管理层有可能需要迈上好几个台阶（例如从薯条烹饪员到薯条——汉堡——肉片厨师，到柜台人员，到组长，最后到助理经理）。

（3）领导类型：协调者、班长、组织者。

（4）成效标准：效率、及时、平稳运行。

二、市场绩效型

（1）主要特点。

一个以结果为导向的组织，它的重点就是能完成任务；员工非常有竞争力且以目标为导向；组织的领导是强有力的推动者、生产者和竞争者。组织的长期目标是赢得竞争，成功的定义是市场占有率和市场渗透能力。具有竞争力的价格和市场领导地位是组织考虑的重点，组织的风格也是强势的竞争者风格。

竞争和生产力在市场型组织中得以维持的原因是组织高度重视外部竞争和掌控，这种组织只看结果和高度竞争，强调生产效率和实现组织目标。此类文化的特征是规划详尽、目标明确。领导关心的是如何满足顾客的需求，特别是准时交货，保证质量。从提高生产率和盈利率的目标出发组织生产、考核绩效。领导行为是指导型的、目标取向与务实的。这类组织的组织结构以职能制为主，信息沟通按层级开展，决策集中在上层领导。组织内人人争先完成任务，在岗培训目标就是要提高员工的绩效。这种文化通过计划和设置目标实现较高生产率、效益和盈利率。

（2）市场绩效型文化的基本假设是：外部竞争还没有开始但充满

敌对情绪，客户非常挑剔并且在乎价值，而且管理层的目的就是提升组织的生产力、业绩和利润。假设还包括清晰的目标和具有进攻性的策略带来了生产力、利润。正如乔治·巴顿将军所说，市场型组织“从来不留恋已经取得的成绩，这些都留给敌人吧，总是勇往直前，击败一切困难，稳步向目标迈进”。

（3）典型案例。

飞利浦公司在1991年第一次出现财务亏损和失去欧洲市场的份额后，立刻开展了一场遍及整个组织的变革来提升竞争力。在新首席执行官的领导下，这个跨国企业提出了一种名为“百夫长”的运动。在这个运动中，公司的组织文化从自满自大、内部等级森严，转变为以客户为中心、努力提升资产价值和提高企业竞争力。三次重要的年会都进行了业绩评估并建立了新的延伸目标。组织文化评估工具显示，飞利浦公司的确经历了从20世纪90年代早期到中期的改变，其组织文化逐步变成了一种市场绩效的组织文化类型。

另一个与市场有关的例子来自飞利浦的竞争对手——通用电气。通用电气的首席执行官杰克·韦尔奇曾在20世纪80年代后期说过：“如果公司的业务在市场中不是处于第一或第二的位置，那么就会被卖掉。”韦尔奇在任职期间，共买卖了超过300种业务。这种组织文化被称为高度竞争、只看结果和不给对手留机会的组织文化。这是一个典型的市场绩效的组织文化类型。

（4）领导类型：驱动者、竞争者、生产者。

（5）成效标准：市场份额、目标实现、击败竞争者。

（6）价值导向：理性目标导向。

三、团队支持型

（1）主要特点。

人们在一个非常友善的场所工作，共同分享成果，就像一个大家庭。组织的领导通常被看作导师，甚至家长；组织通过忠诚和传统来维系，成员自觉自愿地承担义务。组织强调人员的发展和长期目标，同时认为凝聚力和士气都非常重要。在这里，成功的定义是对客户的敏感和对员工的关心程度。组织专门为团队协作、参与和协调设置了奖励机制。

正如组织文化模型工具评估的一样，团队支持型文化可以简单地看成一个友善的工作场所，在那里人们可以互相分享。这就像是家庭的延伸，领导就像是长辈导师，这类组织员工的工作满意度和心理健康水平都很高；鼓励员工发展技能，开发潜能；管理过程中提倡员工参与、开放式沟通，领导向下级咨询，关心和支持下级工作，用团队方式工作。忠诚和传承是团队支持型组织的基础，员工的奉献精神高涨，组织非常重视员工的长期目标和自我提升，核心价值观是归属感和信任感。目标是通过增强凝聚力、提高士气、全面培训达到人力资源开发的目的。组织的成功定义为组织内部环境和人心所向，组织用包括奖金在内的方式来鼓励团队合作、参与和一致行动。

团队支持型模式有几个前提，分别是员工最适合用团队合作和自我提升来管理，顾客最适合用合作伙伴关系来对待。团队支持型组织其实是在建设一个人性化的工作环境，其主要目的在于给员工更大的自主权，激发他们的参与、贡献和忠诚。

（2）典型案例。

大众快运航空是美国团队支持型组织的一个例子，直到成立 5 年后，他的创始人唐伯尔为了避免破产而不得不卖掉它为止都是如此。20 世纪 80 年代，唐伯尔离开了德州航空公司后一直想创造一个不但盈利，而且还要成为行业典范的航空公司。这一愿望并不被当时的行业专家看好。两年内，唐伯尔和几位德州航空的前同事共同推翻了那些专家的预言，创造了航空业历史上最成功的案例。

大众快运航空的显著特点是：

- 公司管理层级少——唐伯尔和机舱组人员之间只有三个行政级别。

- 不拘小节和自我管理——唐伯尔的办公室也是会议室，当有人要开会时，唐伯尔就到别处办公。
- 员工的主人身份——所有员工都拥有公司的股票来确保自己的事业。
- 团队合作——所有员工都被分解为 3 ~ 4 人的小组，而且大多数由自己选择产生。
- 共同参与和决策——至少有 4 人的委员会来参与公司的重大决策。
- 职务转换——员工定期转换自己的工作，例如飞行员有时也是行李员和休息厅接待员。

正是出于对唐伯尔的忠诚和对公司理念的认可，尽管公司员工的薪水远远低于竞争对手，但公司的士气却与日俱增。通过这些明显特征可以判定，大众快运航空是一个典型的团队支持型组织。可惜的是，大众快运航空的高度工会化，加之与敌对的国境航空合并后，产生了与团队支持型文化的巨大的不相容性，最终导致消亡。

（3）基本假设：组织环境通过团队合作和员工发展能够得到很好的管理，顾客被认为是组织的合作者，组织的事务是营造一个仁爱的工作环境，管理的主要任务是授权给员工并推动员工参与、承诺和忠诚。

（4）领导类型：推动者、导师、父母。

（5）成效标准：凝聚力、士气、人力资源开发。

（6）价值导向：人际关系导向。

团队支持型文化与家庭型组织文化非常相似，在研究了 20 世纪 60 年代末期和 70 年代早期日本公司的情况后，许多学者发现了美国式的市场绩效和层级规范型组织文化和日本式团队支持型文化的根本区别。团队支持型文化充满了共享价值观和目标、团结与互助、彼此不分的氛围，他们热爱家庭胜过热爱创业。与市场绩效和层级规范型组织文化不一样的是，团队支持型文化更注重团队精神、员工的参与感和组织对员工的照顾。团队获得奖惩时都是由团队整体来接受，而不是某个员工。质量管理小组鼓励员工勇于提建议和意见来改善工作和业绩，以及创造一个自主性很强的工作环境。

四、灵活变革型

（1）主要特点。

人们在一个动态的、充满冒险和创业激情的工作场所，努力寻求着他们的需要；组织的领袖被看作革新者和冒险家；对试验和革新的义务感使得整个组织结合在一起。站在行业的前端是组织的工作重点，长期目标则是创造和获得新的资源；在这里，成功被定义为创造出新的产品和服务；组织期望成为产品和服务的先行者，同时也鼓励员工个人的自由创造能力。

这种文化强调变通性和变革，组织最关心的是能否有能力迅速适应环境，因此在结构和人员安排上都敞开与外部的联系。组织高度重视员工创新与获取资源，寻求合适的供应商、了解顾客的需求、招聘有特长的员工、开拓融资的渠道、观察对手的活动。组织领导具有企业家精神，敢冒风险，能提出未来发展远景并让员工也理解。目标是建立一种灵活、机敏、外部取向的、创造性的文化，实现增长不断获取资源。

（2）典型案例。

灵活变革是临时性的，它们被形容成“是帐篷而不是宫殿”，也意味着当新的情况发生时，它们可以更快地重新装配自己。灵活变革的一个主要目标是在不确定性和含糊的信息超过典型性时，培养适应性、灵活性和创造性。这些灵活变革型组织经常出现在类似宇宙航空、软件开发、智囊咨询，以及电影这样的行业里，如软件开发公司、智库咨询公司、影视娱乐等创意产业公司。

这些机构的一个重要挑战就是制造创新的产品和服务，并要迅速适应性的时机。与市场绩效和层级规范型不同，灵活变革没有集中的权力和权威的关系。相反，依据不同时期强调的问题所在，权力与灵活变革里的每一个人，他们和客户、研究和发展等密切相关。举例来说，每个不同的客户都需要在咨询公司里被当成独立的项目，为了完成这个任务，一个临时设计的组织被建立起来。但这个项目完成的时候，这个组织就解散了。

有时候，灵活变革体制式的机构存在于一个其他文化占主导地位的大组织里。举例来说，奎因和卡梅隆在纽约政府的精神卫生部门做过一个关于进化改革的研究，一个“灵活变革”的分支机构存在其中。在开始存在的 5 年里，这个机构是以临时体制来组织的。

我们分析后发现有以下特征：

- 没有组织结构图——无法画出这个机构的结构图，因为变化频繁又迅速。
- 临时的物理空间——主管没有办公室，他会在任何他认为需要的情况下设立一个临时操作基地。
- 临时角色——根据客户变化的问题，员工们被指派和重新指派不同的职责。
- 创造和革新——鼓励员工创造出对问题的革新式解决办法，以及为顾客服务提供新方法。由于这种文化与大型的政府机构不一致，也与那种要求效率和责任制的工作环境相矛盾，它将被迫转化为另一种文化。在许多机构中，类似的转化是屡见不鲜的。

总而言之，就像组织文化评估工具里评定的，灵活变革型文化的特点是动态的、创业式的并且充满创意的工作场所，人们敢于伸出脖子冒风险，有效的领导是充满想象力、创新和风险导向的。使整个组织凝聚在一起的黏合剂是实验和创新的使命。重点被放在新知识、产品和服务的领先优势上。随时准备迎接变化和新的挑战非常重要。组织的长期目标重点是迅速成长和获得新的资源。成功意味着生产出独一无二的原创性产品和服务。

（3）基本假设：革新和先驱式地创造能够导致成功，组织的主要事务是开发新产品和服务，并为未来做好准备，管理的主要任务是培养企业家精神、创造力，适应和革新能够获得新的资源和利润，所以重点是创造未来的愿景。

（4）领导类型：革新者、企业家、幻想家。

（5）成效标准：创造力、增长、尖端产品。

（6）价值导向：灵活变通导向。

第五节　模型应用：利用 OCAI 量表解决出版社难题

选定模型后，接下来就是根据实际情况调整模型内容。

“OCAI 根据六个方面的判据来评价企业文化：主导特征、领导风格、员工管理、企业凝聚、战略重点和成功准则。问卷共有 24 个测量条目，每个判据下有四个陈述句，分别对应着四种类型的企业文化。对于某一特定企业来说，它在某一时间节点上的企业文化是四种类型文化的混合体，通过 OCAI 测量后形成一个剖面图，可以直观地用四边形表示。

“首先，根据企业的现状，按照每种判据下四种情况的符合程度，将 100 分分配给这四种情况。依此类推，先回答完所有描述现状的测量条目；然后回到问卷的开始，思考这样的问题：如果你的企业在 5～10 年内要成功，你觉得企业文化‘应该’怎么样？请在‘偏好’列下面，按照‘应该’的企业文化和每种判据下四种情况的符合程度，将 100 分分配给这四种情况（例如 20－50－20－10），并回答完所有描述偏好的测量条目。注意，第一轮评定的问题是基于‘当前’。也就是说，第一轮是评定组织的当前文化与相关描述的相符程度。完成第一轮评定后，将进入第二轮评定。第二轮评定是基于你的期望，即组织要获得更大的成功，今后 5 年组织文化应该达到的状态。

“示例如表 6－2 所示。

表 6－2　OCAI 量表

1. 主导特征		当前状况	今后 5 年
A	组织是一个人情味很浓的地方，就像家的扩展，成员之间有很多分享		
B	组织是一个非常有活力、企业色彩浓厚的地方，人们乐于冒险		
C	组织是强结果导向的，成员最感兴趣的方面是“完成工作”，成员有很强的竞争导向和成就导向		
D	组织是一个控制非常严格、结构十分严谨的地方，成员的所作所为都受正式流程的普遍控制		
	总分		

“完整表格及测评说明已经打印出来了（见附录），请过目。

“这个量表得出来的结论非常直观，方便后期做调整和计划。”项目经理丁川展示着 OCAI 量表的使用方式。

“这样很好，简洁明了。不过，我们希望把被调查人员的年龄、性别、岗位和工作年限等细化项加入问卷，这样能更好地分析数据。”老领导陈生对于问卷内容提了一些需求。

“没有问题。”项目经理丁川答应下来。

“好的，我会让相关部门协助你们完成工作。”

经过反复沟通和协商，最终确定问卷的修改方案，问卷从六个方面分析企业文化，每个题都有 4 个选项，要给六个方面的 A、B、C、D 四个问题打分，分数为 1～5 分。其中，1＝非常不同意；2＝不同意；3＝中立；4＝同意；5＝非常同意，共计 10 分。答题者根据自己的看法，将 10 分分到 4 个选项中。答题者工作量较小，也能快速完成调研，同时根据 OCAI 量表设计的对应统计表格，通过将调查获得的数据填入表 6－3 迅速统计数据，最终根据表中数据结果来绘制公司组织文化轮廓。

表6－3　调查问卷统计表格

调查问卷的统计表格				
选项	A项（家族型）	B项（灵活型）	C项（市场型）	D项（层级型）
现状				
期望				

“本次调查主要采用问卷调查及访问的形式，通过两种形式对公司组织文化的六个特征进行统计分析，得出公司在四个文化类型中各占的比重。

第一，问卷调查。为了统计数据能够更加准确和具有代表性，咨询团队特选取了投资与资产运营事业部、教育服务事业部、连锁事业部、信息中心四个业务部门和财务管理中心、人力资源管理中心两个职能部门，共投放问卷45份，回收有效问卷42份。其中，职能部门20份，业务部门22份，占总问卷量的93.3%，有效问卷的答卷人员涉及普通员工、各部门中层正职以上，以及领导班子成员，覆盖面广，可以代表本次问卷的调查样本。

“第二，访问调查。对公司的领导班子成员和部分部门中层正职人员进行了面对面的访谈。通过问卷调查和访问调查两种方式，归纳总结了L公司的企业文化特点，得出四种文化类型各占的比例。如图6－1所示。

“所以，经过OCAI量表的科学调查后，我们分析得出公司的组织文化类型是混合型，主要以层级型企业文化为优先，市场型企业文化为辅。”项目经理丁川在调研结束后的沟通会上汇报着调研结果。

“但是，对于未来5年的发展，大家其实更希望公司的未来发展方向和所希望的企业文化类型是以市场型为主，灵活型为辅的企业文化。

“针对这个结果和未来期望，我们选取了公司领导班子、中层正职、普通员工，以及青年和中年员工代表对量表的结果进行访谈，再进行最后的信息搜集和整理，在访谈中他们对OCAI量表的测量结果给予了充分的肯定，对量表诊断出来的企业文化类型的真实性也表示肯定，同时与他们的预期也有比较高的重合度。

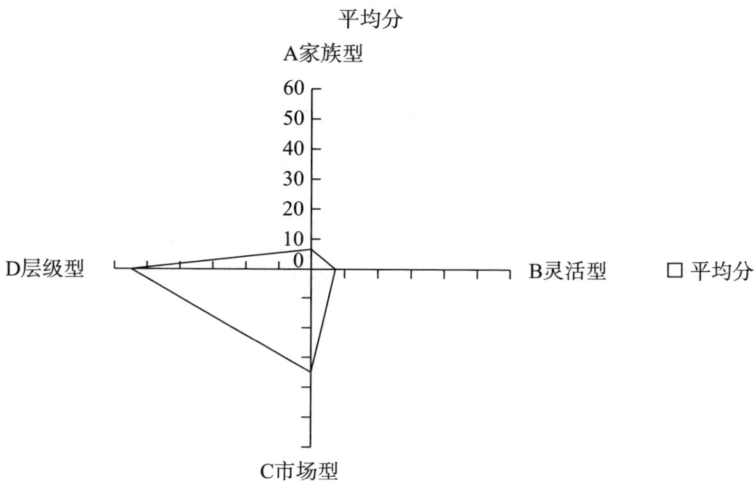

图6－1　四种文化类型各占的比例

“所以，我们未来制定行动方案的重点就是加强公司市场型企业文化建设和提升灵活型企业文化建设。”项目经理丁川对于行动方案设计方向也提出了建议。

“可以，按照这个思路继续推进。”老领导陈生拍板决定。

根据调研情况和实际需求，企业文化咨询团队制定了如下行动建议：

（1）升级拓展家族型文化。作为一家有着70年光辉历程的老牌国有文化企业，集团的许多老员工之间都有着深厚的革命友谊，但是随着公司“二次创业”进入攻坚阶段，人才危机日益凸显，应对互联网发展需要的经营管理人才，以及IT和互联网产业相关的专业技术人才、高层次营销策划人才尤其缺乏，中高层管理队伍年龄结构老化，专业结构不合理，干部后备人才不足等问题凸显，这导致公司整体主流文化无法顺畅推行。这种家族型文化虽然在员工间形成了较高的凝聚力和团结性，但是从企业的长远发展来说有比较明显的缺点，所以升级拓展家庭型文化成为企业文化变革的基础。

（2）大幅度提升市场型文化。企业的卓越程度与企业文化的卓越程度息息相关，企业文化的层次决定着企业的兴衰成败，公司的一些员工目前仍未完全摆脱计划经济思维模式的束缚，经营思想没有真正转变过来，经营方式还是传统的等、靠、要的模式；不会主动适应市场变化，死守公司在教材教辅业务方面的传统市场，对一般图书如何拓展市场、延伸的文化旅游项目如何融合发展缺乏学习研究。对新业务缺乏参与市场竞争的紧迫感，工作求稳怕乱，面对企业改革创新的时候，显得消极被动，不知所措；在激烈的竞争中，没有创新与发展，缺少有效招数，缺少营销策划与策略，也缺少把握市场主动竞争的意识。因此，要大幅提升团队的市场意识，建立积极进取的市场型文化。

（3）削弱层级型文化。作为传统的教材发行企业，企业文化延续了国有企业的高度制度化和层级化，虽然制度化的管理理论上可以降低风险，保证国有资产的保值增值，但随着电商及数字化阅读改变了人们传统的购书和阅读方式，实体书店传统销售举步维艰，以消费者为中心的时代正在来临，这是市场外部环境变化引发的外驱动力。只有用全局观念和系统思维谋划改革，把企业的愿景和职工的愿景结合起来，建立一套更加适应市场经济规律的管理制度，重构一条让公司执行更有利和有效的机制，才能使企业从内到外焕发出前所未有的生机和活力。

（4）提升灵活型文化。随着科学技术的广泛应用，传统教育服务也在发生深刻的变化，面对教育信息化、数字阅读、AR、VR 等虚拟穿戴教育设备等现代科技，让公司不得不考虑转型升级，大幅以市场经济和规律为主，在市场机会面前，要积极提升灵活型文化，顺应互联网等新技术和产业变革新趋势，积极作为。

具体执行推进过程如火如荼，员工们也感受到领导层对于本次改革的重视和热情，积极跟进，主动担当。

“你好，王经理，我是企业文化咨询项目组丁川，咱们这次文化诊断和治理已经推行一年，我们例行回访公司的变化和你的感受。”

“按照之前确定的方案，我们都在积极推进，现在感觉整个企业都充满了活力，以前闲聊的同事也因为有任务有提成主动推进业务了，离职率也明显下降了，主要是公司布局了新的业务场景，预计未来利润还能增长 10% 以上。这一系列变化得益于你们之前的诊断和治理方案。”

“谢谢你的反馈，我们咨询团队能帮到你们，也是我们的荣幸！”

附件：奎因竞争性文化价值模型的测评量表

组织文化评估工具有 6 道选择题。每个选择题都有 4 个选项。将 100 分分配到这些选项中，越接近组织情况的选项获得的分数越多。例如在问题 1 中，你觉得选择 A 最接近组织的情况，B 和 C 有些接近，D 就不怎么接近了，那么你就给选择 A 打 55 分，B 和 C 各 20 分，D 只有 5 分。你必须确保四个选择的总分是 100 分。

注意，相关的栏目都做了描述，你要根据栏目中的描述和组织现状评价组织。当你完成了“现状”，紧跟着一栏“期望”，则是你的组织的期望状态，当你认为组织将在 5 年内取得巨大成功时，你如何为那时的组织打分。

表 6－4　奎因竞争性文化价值模型的测评量表

一、管理特征		现状	期望
1	公司是一个充满人性化的地方，就像家庭的延伸，人们不分彼此		
2	公司具有很高的激情和创业精神，人们勇于冒险和承担责任		

续表

一、管理特征		现状	期望
3	公司的功利性很强，鼓励竞争。员工关注的重点是如何完成绩效，员工竞争意识很高，并且期望成功		
4	公司管理规范、十分严格，员工必须按照制度流程办事		
	总分	100	100
二、公司的领导能力		现状	期望
1	公司的领导者通常被视为发挥了导师、家长或培育者的作用		
2	公司的领导风格主要是创业、创新和勇于尝试冒险		
3	公司的领导风格主要是“没有废话”，具有进取性和高功利性		
4	公司的领导风格主要是注重严格的标准化流程和制度		
	总分	100	100
三、员工的管理		现状	期望
1	管理风格是讲究民主、少数服从多数，以及广泛的参与		
2	管理风格是鼓励创新和冒险、崇尚自由和展现自我		
3	管理风格是鼓励很强的竞争性，并且要求和标准都非常严格		
4	管理风格主要是确保内部管理的可预见性、稳定性和规范性		
	总分	100	100
四、公司的凝聚力		现状	期望
1	公司靠信念、忠诚黏合在一起，员工都具有较强的使命感和自豪感		
2	员工靠持续创新和发展结合在一起，持续的行业领先是重点		
3	成功和达成目标把员工联系在一起，不断进取和获取胜利是共同的目标		
4	员工靠规范的制度和流程在一起工作，维持公司的顺畅运作是非常重要的		
	总分	100	100

续表

五、战略重点		现状	期望
1	公司重视人才的培养、相互信任、开诚布公和员工的广泛参与		
2	公司倾向迎接新的挑战，不断尝试新的事物和寻求机遇是员工价值的体现		
3	公司追求竞争和成功，打击对手和在市场中取得胜利是公司的主要战略		
4	公司希望看到持久和稳定，效率、控制和顺畅运作是工作重点		
	总分	100	100
六、成功的定义		现状	期望
1	公司对成功的定义是，在人才培养、团队合作和对员工关怀上的成功		
2	公司对成功的定义是，公司是不是产品领导者和创新者		
3	公司对成功的定义是，赢得市场份额并打败对手，成为市场的领导者		
4	公司视效率为成功的基础，标准化的工作和低成本至关重要		
	总分	100	100

第七章

“潜入”组织深处启发国有企业文化变革：沙因文化测评模型

主持人：国有企业是一种特定的企业形态，是中国社会经济的一面镜子，国有企业文化也是社会主义先进文化的重要体现。市场经济条件下，随着竞争日益激烈，企业文化建设受到社会的广泛重视，已经成为促进企业经济发展的重要方面。系统认识国有企业文化建设存在的问题，科学分析国有企业文化建设存在的问题并提出对策，对于国有企业文化建设、促进国有企业的发展和整个社会文化建设有十分重要的意义。

我们有幸邀请到 H 市交通投资集团企业文化建设负责人王总、企业文化建设专家周老师，与我们一同探讨国有独资企业的文化变革之路。

王总：大家好，我是 H 市交通投资集团负责企业文化建设的老王，很高兴能与各位一起沟通学习。

周老师：大家好，我是在企业文化建设领域研究了 12 年的老周，同样很高兴能跟在座优秀的企业家和管理者共同探讨企业文化建设的话题。

主持人：据我了解，交通投资集团深入调查了组织文化形成的原因，并且完善了组织文化激励策略，率先踏上文化变革之路。

王总：是的，我们发现了很多文化建设的问题，脱离企业实际、影响企业效率，才决定做一些改变。

主持人：你能给大家简单介绍一下当时的背景吗?

王总：H 市交通投资集团成立于 2003 年，是由当地政府出资成立的国有独资企业，是以 H 市交通系统为国有资产的投融资主体，按照现代企业制度要求组建的政府特许、自主经营、独立核算的国有骨干企业。本集团承担 H 市交通基础设施的投资建设、运营管理等任务，在履行投资建设主平台和交通国资监管主体职能的同时，已参与对外投资 46 家企业。

随着我国经济活动的不断发展，交通运输的运距不断延长，运输规模日益扩大，同时新工艺、新材料的出现及运输方式的多元化，都将大大促进交通运输能力及运输效率的提高，满足人们不断提出的新的运输需求。

作为H市本地的国有企业，H市交通投资集团的企业领导管理风格依旧保留着最初的文化气息，很多时候跟不上经济发展需要，所以我们邀请了周老师的团队帮助我们做企业文化诊断和治理。

第一节　模型简介：何为沙因文化测评模型

艾德佳·沙因（Edgar H. Schein）是美国麻省理工大学斯隆商学院教授，他在组织文化领域中，对文化的构成因素进行了分析，并对文化的形成、同化过程提出了独创性见解。他率先提出了关于文化本质的概念，真正的文化则是隐含在组织成员的潜意识中，而且文化和领导者是硬币的两面，一个领导者创造了一个组织或群体的同时也创造了文化。沙因在组织发展领域中针对组织系统面临的变革课题开发出了组织咨询的概念和方法（Process consultation）。

沙因强调，组织文化具有高度的“可见性”和“易感受性”，它是一种客观存在。无论是在广义的社会还是在狭义的社区，无论是在某个企业还是在其他团体，组织文化都有重要影响。对于企业来说，认识了企业文化，就能更好地了解个人的效率和企业的效能，以及职工对企业的感情。然而，要认识并掌握企业文化十分困难，企业文化的概念在学术领域和管理实践领域存在一些误解。如果想从企业文化中获得帮助，必须先澄清这些误解，建立分析文化的共同准则，并恰当地应用于企业文化建设。

在沙因看来，文化是可以习得的，它包含企业成员共同拥有的深层的基本假设和信念，产生无意识的作用。所谓无意识，就是它的作用是“理所当然”“本该如此”的惯习，这些假设和信念是通过学习获得的，它是团体在解决外部环境中的生存问题和解决组织内部的结合问题过程中产生的反应，文化界定着某个社会单位与外部环境的边界，维持这个团体的稳定，是团体的无形资产。

沙因进一步指出："如果一个群体在解决内部和外部问题的过程中，共同拥有了大量重要的经验，并形成了共同的世界观，而这种世界观有着长期的作用并被认为是理所当然的，处于无意识状态，支配着这个群体的共同行为，那么这个团体中的文化就可以称为组织文化。"企业文化是企业中团体学习与经验的产物，在企业中可以有多个团体，这些团体是低于企业的次级单位，并且可以形成自己的文化。对组织文化的深刻洞见，使沙因文化测评模型更加立体全面。下面我们将进一步剖析组织文化的三个层次。

第二节　模型分析：纵向了解组织文化的三个层次

三层次文化模型是理解沙因文化测评模型的纵向维度。沙因将文化概念抽象化，无论哪个层次的文化，都是指"由一些基本假设所构成的模式，这些假设是由某个团体在探索解决对外部环境的适应和内部的结合问题这一过程中发现、创造和形成的。这个模式运营良好，可以认为是行之有效的。它是新成员在认识、思考和感受问题时必须掌握的正确方式"。这个抽象概念不包括具体的行为，但具体的行为是由内在文化和外部环境共同作用而形成的。也就是说，我们观察到的现象并不一定就是文化的表现物，只有掌握了文化的深层结构，才能知道什么是真正的文化。按照这一思路，沙因把文化分为三个相互作用的层次，即组织文化的三个层次：

（1）人为事物（artifacts）：指可以观察到的组织结构和组织过程等；人为事物和创造物是文化最明显的层次，它是文化的初级层次，在这一层次上显示出了文化创立的物质和社会环境。我们可以在这个层次观察物体的空间布局，团体的技术成果，它的书面报告和口头语言，成员的公开行为和外在表现。研究文化，需要对人为事物做出符号学的解释，才能弄清它的文化内涵。总体来说，这个层次的文化是可观察的。

（2）价值观（value）：包括战略、目标、质量意识、指导哲学等；价值观强调的是"应该"，而不是"实际"。只有某种价值观产生了实际效果，而且持续发挥作用，它才能逐渐转变为信念和假设。当价值观被团体成员认为理所当然的时候，并进入无意识状态，习惯成自然，就能起到指导团体成员处理具体问题的作用，成为组织的准则和精神力量。如果大家信奉的价值观与文化的基本假设是一致的，那么将大大提高企业的凝聚力。组织成员的价值观并不总是一致的，共同价值观的形成需要经过一个看得到效果的磨合过程。即便是在已经形成共同价值观的情况下，员工的行为也不一定完全符合这种价值观。总体来说，这个层次的文化是有意识的。

（3）基本假设（basic assumption）：这是一种解决问题时理所当然的方法，是潜意识的、暗默的一些信仰、知觉、思想、感觉等。阐明了企业主要信奉的价值观，并不代表真正了解企业文化，只有充分地了解各种类型的基本假设，才能进入更深的文化层次，才能理解不同的价值观，并准确地预见未来的行为。在组织中，当一种预感和价值观逐步被成员当作客观现实时，这一假设就成立了。沙因以阿吉里斯的应用理论来解释他提出的基本假设，即认为人们的行动实际上有两个层次的理论在支配。第一个层次是名义理论（espoused theory），即以语言符号表达出来的价值观；第二个层次是应用理论（theory in-use），即在实际行为中反映出来的无意识层次的价值观。沙因的基本假设，与阿吉里斯的应用理论相当。

对于企业来说，它的市场销售策划书就属于人物事物；这个策划书中表达出来的"广告可以增加销售"的信念，就属于价值观；而这个企业长期形成的以广告促销的固定化行为模式，则能反映它在销售方面的基本假设。理解了组织文化的三个层次之后，才能真正了解文化模式的运行过程及原因。

第三节　模型作用：全面探究组织文化功能

沙因指出，文化发挥的作用解决了团体的两个基本问题：一是在外部环境中的生存能力和对外部环境的适应能力；二是保证组织长期生存和适应的内部结合能力。本节我们将内外并济，全面探究组织文化功能。

一、对外部环境的适应问题

任何系统，必须能够在与它相关的不断变化的环境中得以生存。在生存过程中，组织与环境的相互作用会形成组织文化，文化又会反作用于环境。这种组织与外界的相互作用在组织文化上表现为以下功能：

（1）对中心任务、基本工作、表现形式和内在功能的共识。

每一个新的团体或企业，必须对自己如何长期生存的问题形成共同的观念，并从中引申出组织的中心任务，在与环境的互动中形成关于中心任务的最基本的含义或“理应如此”的感觉。也就是说，根据环境，确定该组织究竟要“做什么”。这往往涉及“我们是谁”“我们能做什么”“我们想成为什么样的企业”等问题。大到组织愿景，小到具体产品。需要注意的是，组织文化不仅有显功能，还有潜功能。这个层次的文化，影响着组织的战略和决策。

（2）对派生于任务的业务目标的共识。

企业需要在明确和一致同意的成本时间制约因素内，通过把抽象的或一般意义的任务转化成设计、制造、销售实际产品或服务等具体目标。组织的中心任务是通过具体的业务目标实现的，宏观战略一旦延伸到具体业务目标，往往会出现歧义和冲突，尤其是在资源配置和利用、具体工作的优先考虑等方面。只有通过妥协、折中和权变，才能达成共识。具体业务目标的共识，表现为形成共同的语言和互相认可的职责。管理上的混乱，往往与没有形成这一层次的共识相关。

（3）对方法的共识。

一个团体只有对实现目标的方法达成明确的共识，才能完成它的基本工作。企业对于怎样设计、筹资、建设和销售产品等问题必须有统一的意见，这不仅表现在企业的“风格”上，还反映在工作设计、劳动分工、组织结构、报酬和奖励制度、控制系统和信息联系上。方法的共识主要表现在规章制度方面。值得注意的是，真正体现组织文化的并不是成文的“名义规范”，而是现实中运行的“应用规范”，即我们常说的潜规则。组织文化在最好的情况下，只能做到显规则与潜规则一致，而不可能消灭潜规则。如果潜规则因人而异，就只有个人文化而没有组织文化。

（4）对衡量成果的标准的共识。

一旦团体开展工作，就必须对如何判断自己的成果达成共识。没有这种共识，就不能形成协作。但是，这种共识也是很复杂的，例如衡量企业绩效的尺度是什么？盈利和顾客满意哪个更重要？学校里什么教师才算是好教师？科研单位的成就是偏应用还是偏基础理论？即便是具体的财务指标，依然有短期指标和中长期指标的差别。经理人的评判尺度和员工的评判尺度有无不同，高管和基层工头的衡量天平是否一致。这些共识能否达成，对组织的发展影响极大。

（5）对补救和修正战略的共识。

如果需要改变文化，则要在“做什么”和“怎样做”上达成共识。如果目标不能实现，任务没有完成，或者“应该”与“现实”存在较大差距，都意味着组织文化存在问题。这种补救和修正方式包括负面信息如何传递和处理，出现生存危机如何应对等。必须说明的是，应对来自习惯，没有人能够“设计”出面对危机时的反应方式，但面对危机时的反应能表现出组织文化的深层要素。

二、内部结合问题

组织的形成过程，从内部看就是人们的合作共事和人际协调过程。如果把组织看作是一个社会系统，那么它必须解决的内部结合问题如下：

（1）发展共同的语言和概念范畴。

如果成员之间不能相互交流和相互理解，团体就不可能形成。所以，团体要发挥作用，组成团体的成员之间必须建立信息沟通系统和能够解释内部运行情况的语言。在这方面，组织文化意味着理解和移情。一旦有较多的误解和信息屏蔽，就说明组织的整体文化尚未形成。而缺乏共同语言，员工就会我行我素。这种共同语言不但是言辞，而且是对言辞的理解和判断方式。例如上级认为下级没有主动性，而下级认为上级不重视，就是没有共同语言的典型表现之一。

（2）对团体边界的共识。

这种共识主要表现在吸收与排斥成员的标准上。组织文化最重要的一个方面就是对谁属于该团体、谁不属于该团体的判断，以及通过什么标准来决定成员的身份。与前面的共识一样，这种标准也表现在行动中，而不是表现在书面上。比如有的企业不愿聘用 MBA，隐含的假设就是 MBA 没有真本事。对吸收新成员没有共识，说明这个组织没有形成整体文化，只有亚文化的混合体。

（3）对权力和地位的共识。

这种共识表现在对组织分层的认识上，不同组织有各自用来鉴别影响力和权力标准的共识。每一个企业内部都有它的权力、地位等级划分，以及一个人如何获得、保持和失去权力的标准与原则。比如同样是投票，是基于对领导想要什么的判断投票，还是不管别人的意愿径直按照自己的想法投票，就反映了不同组织文化下对权力的共识。

（4）对人际关系的共识。

不同组织的同事关系不一样，组织需要对亲密、友谊和热爱等标准达成共识。以谈判方式处理人际关系，还是以忍让方式形成人际关系，反映了组织文化的不同。“君子之交淡如水”表示的是非利益的共同志向的友谊假设，“亲兄弟明算账”表示的是理性经济人的友谊假设。这方面的共识程度高低，在组织凝聚力上有着重要作用。

（5）对奖惩标准的共识。

奖励针对“英雄行为”，惩罚针对“有害行为”。通过奖惩，人们就可以推断出这种评价背后的信念和假设。

（6）宗教信仰与思想意识的共识，以及对模糊性的认识。

组织与社会一样，面临着很多难以解释的和不能预测的事件，存在大量的不确定性。在科学不能解释的地方，必须有一种替代性的解释理论，这就是宗教；为难以解释或者不确定的事务提供行动信条，这就是思想意识。科学理性为主导的思想意识是非宗教的，宗教信仰支配的社会里，思想意识则与宗教结合。比如“尽人事而知天命”就是一种反映人力有限假设的思想意识。

第四节　模型选择：为何使用沙因模型

周老师：我们主导过很多次国有独资企业的文化诊断和治理。其实，国有企业文化建设存在的问题就那么几个：

第一，注重企业文化的形式，但忽略企业文化的内涵。流于表面，走形式、走过场，不能形成文化推动力，对企业的发展产生不了深远的影响。

第二，思想认识上存在误区。一种是神话论，觉得企业文化是灵丹妙药能包治百病；另一种是载体论，觉得文化可有可无，是组织部门宣传部门甚至是工会的事情，不能把企业文化与企业管理较好地融为一体，削弱了国有企业文化建设功能的发挥。

第三，企业文化缺乏创新和个性。有的企业不能跟随时代发展，不能分析自身所处的环境，企业文化建设共性化，没特点，没生机。

第四，功利化，注重短期利益，忽略长远发展。这个原因比较复杂，一方面是企业自身的价值追求错位；另一方面是现行政治体制和国有企业管理体制的影响和制约。

第五，企业家文化意识缺位。国有企业的领导很多时候不能关心企业文化的实质内容，自己也缺乏明确的文化理念，经常嘴上说说完事儿。能像王总这样对企业文化有自己的理解，对企业文化管理有认知的高层管理者并不多。

王总：对，周老师总结得非常到位。在这次文化诊断和治理的过程中，也确实发现了很多平时我们以为做得不错，但其实没有抓住本质的事情。

主持人：咱们是怎么开展工作的呢？

周老师：企业文化建设咨询团队入驻 H 市交通投资集团后，经过对该公司的企业文化现状进行初步评估，原计划采用双 S 立体文化模型及相关理论作为此次组织文化的测评工具，意图依据该模型中社交性和团结性维度的高低组合划分出 H 市交通投资集团组织文化的四种基本类型，并逐一进行相关特点及正负面效果分析。

王总：是的，当时我们经过几轮沟通，最后还是决定换测评模型。

主持人：还经历了更换模型的事情，可以具体说一下吗？

王总：正如周老师一开始说的国有企业现有的文化特点，在做问卷调查的时候，是很难采集到真实数据的。如果一个测评模型更多依赖数据采集，测评结果确实会跟实际情况有一些偏差。

周老师：这种情况也是在测评前期就被王总考虑到了，这非常有利于后面的模型选择和调研工作。采集到真实的数据才是诊断和治理最根本的保障。要做到这一点，就需要一个不同于传统测评的独特工具，“潜入”组织深处，像卧底一样告知咨询师企业文化现状的症结。

王总：所以，我们在模型选择的时候讨论了多次，有提到丹尼森组织文化模型、奎因竞争性文化价值模型、双 S 立体文化模型、沙因文化测评模型等，通过对比分析，发现还是沙因文化测评模型更符合实际情况，能真正揭开表象、触及深层的问题。

周老师：我们当时在双 S 立体文化模型和沙因文化测评模型之间纠结了很久，还发生了一些有趣的事情。有一次讨论的时候，有位领导提到这两个模型是不是能同时使用，毕竟以前也有一些案例是结合使用的，也取得了非常好的效果。但是王总公司的情况并不支持两个模型同时使用，不仅会拉长战线，还会因为数据更加杂乱，增加数据分析的难度。

主持人：最后是怎么确定使用沙因文化测评模型的？

王总：国有企业做决策比较谨慎。当时最终拍板也是我们跟各位领导分析了各个模型的优缺点、使用边界、使用方法等，经过两个多小时的讨论，这个表达一句“还有没有更好的”，那个质疑一句“这个是否客观真实”，最终确定了数据和观察相结合的沙因文化测评模型。

第五节　模型剖析：详述沙因文化测评模型五个特征

沙因综合前人对文化比较的研究成果，将深层的处于组织根底的文化分成以下五个维度：

一、自然和人的关系

这是指组织的中心人物如何看待组织和环境之间的关系，包括认为是可支配的关系还是从属关系，或者是协调关系等。组织持有什么样的假定毫无疑问会影响组织的战略方向，而且组织的健全性要求组织对于当初的组织/环境假定的适当与否具有能够随着环境的变化进行检查的能力。不同的企业，对自然的关系的假设是不一样的，企业能否兴旺发达，全仰仗它与环境之间的关系基本假设是否正确，自身和环境能否在发展中保持协调。它必须增强以下几个方面的能力：

（1）能获得正确的信息。

（2）能把信息传递到企业中正确的地点。

（3）能在战略、目标和方法上进行必要的改革。

（4）能正确地衡量成果。

二、现实和真实的本质

文化的一个重要组成部分是对什么是“现实”，以及如何发现或判断现实事物的一系列假设，即“实然”与“应然”的判断。组织中对于什么是真实的，什么是现实的，判断它们的标准是什么；如何论证真实和现实，以及真实是否可以被发现等一系列假定。同时，包括行动上的规律，时间和空间上的基本概念。他指出在现实层面上包括客观的现实、社会的现实和个人的现实。在判断真实时，可以采用道德主义或现实主义的尺度。这对团队成员怎样采取行动、如何筛选适用的信息、什么时候决定是否采取行动，以及行动要干什么等问题起决定作用。

“现实”包括以下三个方面：

（1）外界自然的现实，即那些在经验上由目标或“科学的”检验可以决定的事物（有些文化中，精神世界也被看作客观事实）。

（2）社会的现实，即那些团体成员能达成共识，但不能客观检验的事实，比如某种政治主张、某项社会决策。

（3）个人的现实，即一个人从自身活动中学到的，对他具有绝对真实性的事物（但别人不一定认可其真实性）。

三、人性的本质

包含哪些行为是人性的，哪些行为是非人性的，这一关于人的本质假定和个人与组织之间的关系应该是怎样的等假定。在每一种文化中，都有对“人性”的假定，以及对个人与团体关系的假定。在西方，有以麦格雷戈为代表的 X 理论和 Y 理论两种影响广泛的人性假设，马斯洛提出的自我实现假设，还有沙因提出的复杂人性假设。作为一个组织，必须在人性假设上达成共识，否则就无法形成管理体系。例如中国传统的治国方略，就人性善还是性恶形成了不同的走向。

四、人类活动的本质

包含哪些人类行为是正确的，人的行为是主动或被动的，人是由自由意志支配的还是被命运支配的，什么是工作、什么是娱乐等一系列假定。文化涉及对行为方式的不同假设，这些假设反映了个人和团体对环境的基本关系。这些关系分为三种类型：第一种是“行动导向型”，强调工作，强调效率，强调权力的作用，即查尔斯·汉迪在《管理诸神》中指出的雅典娜和宙斯类型；第二种是“存在导向型”，强调人类对自然的顺从，奉行黄老式的无为而治，即汉迪指出的狄俄尼索斯（酒神）类型；第三种介于两者之间，称为“适应存在型”，强调人的自我发展、自我实现和发挥个人潜能，实现人与自然的协调，即汉迪指出的阿波罗类型。

沙因认为，在人类活动的假设中，还要注意对工作、家庭、个人之间关系的态度。他提出，这方面也有三种假设：一是认为工作第一；二是认为家庭第一；三是认为自我利益第一。

五、人际关系的本质

每一种文化都有关于自己与他人相互联系的方式假设，以保证团体的安定和舒适，包含什么是权威的基础，权力的正确分配方法是什么，人与人之间关系应有的态势（例如竞争的或互助的）等假定。

组织中的人际关系假设需要解决两个问题：一是权力影响和等级制度；二是亲密性、友谊和同事关系。在人际关系背后更基本的假设是：人与人之间是侵犯性的还是合作性的，各种社交准则都由此而来。

分析人际关系，可以采用帕森斯（Talcott Parsons，1902－1979）的“模式变量”。这一模式把人际关系维度分为五种变量，包括情感型或理智型（受情感支配还是情感中立）、扩散型或专一型（权利义务是泛化的还是单一的）、普遍型或特殊型（准则是针对所有组织成员还是针对特定人员）、品质型或成就型（观察身份还是观察做事，归因导向还是成就导向）、个体型或集体型（最终目的是个人利益还是集体利益）。这些模式变量，基本上可以确定组织中人际关系假设的方向。

沙因告诫人们，组织文化研究中最困难的不是找出并确认这些假设，而是这些假设能不能在组织系统中构成一个逻辑相扣的整体。如果在共识上不一致或者互相冲突、杂乱无章，就说明该组织并未形成完整的文化，或者是几种亚文化在打架。只有找到真正的共识，才能最终说明文化。那种不管是否达成共识而奢谈文化的所谓研究，是最没文化的表现。

第六节　模型补充：沙因的组织文化研究方法

对其他学者而言，谈不谈他的研究方法，对理解他的研究结论影响不大。而对沙因而言，不谈他的研究方法就是一种遗憾。其原因不在于他的研究方法多么新颖，而在于他的守旧。沙因的研究，有术语，但不拗口；有论证，但不费解。他以传统方法的典雅抗拒数字时代的新潮，以轻松的语言化解学术的晦涩，以平和的姿态引领管理学的研究方向。所以，他的研究方法，需要我们格外重视。

一、沙因的组织文化解释方法

在解释文化的方法层面上，人类学家有许多贡献，他们对如何分析可以观察到的人为事物有很多独到的见解。沙因的方法实际上没有超出文化人类学的范畴。他在书中运用的方法，是长期的扎根和深入的访谈，是尽量摘掉有色眼镜、解除各种信息屏蔽的求真。**沙因强调，研究组织文化，要经过反复多次的实地访问调查，内外协力。**

单靠外部研究人员，即便不是走马观花，也会有成见和偏见，因此往往会停留在表象解释上，而难以理解组织内部语义上的微妙差别，错了也不自知。单靠内部人员，因为其文化内核处于无意识状态，那些基本假设已经变成了无需言说、不用思考的惯习，不经外部帮助，就无法实现由无意识到意识的转化，也就不可能发现他们的基本假设。所以，组织文化研究，需要专门研究人员与组织内部员工经过一系列共同探索才能真正获得其中的意义。只有外部人员与内部人员的共同努力，才有可能解释组织文化的各种基本假设及其相互关系。这种内外结合，有助于消解中立式研究和介入式研究的冲突。

二、要发现企业的文化假设，首先要能够揭示“文化范儿”

揭示“文化范儿”有10个具体的操作步骤，包括：

（1）进入企业并重视“惊奇之事”。进入企业意味着不是走马观花，更不是道听途说，而是对企业的全面观察，尤其要重视“司空见惯寻常事，断尽苏州刺史肠”的“惊讶”，即发现与研究者预期不一致的事项。

（2）系统观察与核实。这种观察与核实，关键在于确定“惊讶”是偶尔现象还是经常发生的事情。如果“惊讶”在不断重复，就有可能是文化的表现。

（3）在企业内寻找合作者。这些内部合作者既要有分析能力，又要有合作的热情和动机。

（4）揭示令人惊奇、迷惑不解或突出的现象。这种揭示，以外部研究者和内部合作者的坦诚相见、克服“习惯性防卫”为前提。

（5）共同研究以寻求问题答案。共同研究要以对基本假设的范畴和理论框架达成一致为前提，要有必要的参照系。

（6）形成设想。即对企业的基本假设形成合乎情理、符合逻辑的解释。尤其要注意解释的多重证据，不但孤证不立，而且重复频率较低的事项也要存疑。

（7）系统核对与巩固。这需要新的调查，提供新的证据，尤其是要进行广泛访谈和大量数据资料调研。

（8）形成假设。即用可以清楚表达的价值观说明行为背后更深层次的假设。这一步最困难，一般情况下，没有介入式研究，没有文化的感同身受，就很难形成假设。而完成这一步骤的标志，通常是不再“惊讶”。

（9）对由假设构成的文化模式不断精炼和修正。除了注意反证外，还要防止那些因为“潜规则”被揭示而产生的干扰。

（10）正式的书面报告。不仅要写出假设，还要说明各种假设之间的关联方式。

三、沙因文化测评模型的方法论分析

为了说明研究的复杂性和保证研究的可靠性，沙因不厌其烦地说明了进行企业文化调查的范围、观察资料的搜集、访谈的项目和内涵等。他强调，研究人员进入企业发掘其文化假设时，要尽量使受访者讲出各种事件和当时人们的感受、反应及反应形式。接着要试图推论或设想这些反应中可能内含的价值观和基本假设，找出这些价值观和基本假设之间的关联。只有发现某种反应大量重复出现，验证了企业成员显然共同拥有某些行为、价值观和假设，而且这些行为、价值观和假设被企业成员继续用于应付新环境时，才能证明此处涉及某个文化因素，要得出这个文化因素需要很长的时间。

员工也可以通过某种形式的团体访问或讨论，使自己融入企业文化研究。在开展这种员工参与活动之前，必须先进行文化一般常识与知识的讲座或研讨，使参与的员工基本了解文化的相关概念。由于员工参与能积极揭示平时隐藏的东西，这一方法是卓有成效的。此外，研究者还应注重对文化资料的收集，搜集的范围包括组织结构、组织的信息与控制系统、正式目标、章程、组织宗旨陈述、组织的神话、传说和故事等，从中积累可用的文化资料。

四、使用沙因文化测评模型的注意事项

沙因一再告诫人们，目前尚未找到可靠而又迅速地发现组织文化假设的方法。有时，这些假设一开始就是显而易见的；有时，寻寻觅觅也难见其踪影；有时，由于研究者缺乏内化的经历，不得不做出企业中没有共同假设的结论。当然，也有"众里寻他千百度，蓦然回首，那人却在灯火阑珊处"的柳暗花明。

沙因认为，在文化研究中，唯一可靠的方法或许是进行三角分析（研究者、研究对象、参照物），即对照其他信息资料，核对获得的每一个信息，直至发现某一种假设类型。在三角分析过程中，企业成员对研究人员介入做出的反应十分关键，这是很重要的验证途径。至于问卷调查、标准化测试等方式，沙因明确告诉大家，这些方法只能归纳现象，无法揭示文化的基本假设。用问卷和测试方法作为衡量文化的尺度，就滑进了薄冰地带。更糟糕的是，这种滑冰者往往不知道冰层到底有多薄。总之，文化不会轻易地显露出来，它显然存在着，但要清晰地阐明它，需要巨大的耐心和努力。

对于组织来说，研究自己的文化，有助于了解自己的优势和弱点，根据对内外因素的恰当评价制定切实可行的战略。但这种研究也存在相应的风险和潜在的代价，一般来说，进行文化研究的组织，必须估计以下三类风险：

第一，对文化的分析可能是错误的，对基本假设，以及它们怎样适应文化模式和范例的分析也可能是错误的。

第二，对文化的分析是正确的，但组织不能及时获得文化的反馈信息。尤其是文化假设的揭示就好像暴露组织的隐私，会遭到当事人的抵制而讳疾忌医。最糟糕的情况是，当文化弱点被揭示出来后，高管在一知半解的情况下就轻率地改造组织文化。

第三，向外界人士公开自己的文化，可能对组织有害。例如企业文化的真实假设，有可能会在顾客、投资人、供应商那里产生负面效应。

所以，企业的领导人要充分考虑这些后果，文化研究者要承担特定的职业责任。

第七节 模型应用：巧用沙因文化测评模型启发国有企业文化变革

沙因的所有研究，并不是努力创建一种新的组织文化，也不是谆谆教导经理人怎样运用文化手段，而是在组织的现实行为中发现人们没有意识到的假设，并给出符合逻辑的文化解释。从这种解释中，人们可以发现组织文化的演变内在元素和发展趋势，可以使自己对文化的认知从无意识到有意识，甚至可以对文化的先进与落后、有利与不利做出更准确的判断。

在测量研究方面，他主张定性研究，认为文化不能通过问卷调查来评测，因为并不知道应该问什么，也不能确定回答的可信性和有效性；面对问卷调查，人们说不出深层的价值观和基本假设；文化可以通过个人和小组面谈的过程来评测。这种方式是高效的，文化评测要针对组织的具体问题，否则就没价值。

沙因建议评测企业文化的步骤如下：

（1）组建一个包括组织成员和专家的小组。

（2）提出企业的问题，聚焦可以改善的具体领域（问题）。

（3）确保小组成员理解文化的层次模型。

（4）确定组织文化的表象。

（5）确定组织外显价值观。

（6）研究价值观与组织表象的匹配度，从不匹配处探查深层次的潜在假设。

（7）如果探查效果不理想，重复以上步骤，直到理想为止。

（8）评测最深层的共享假设，发现哪些假设有助于或阻碍目标问题的改善。

主持人：调研过程一般是整个文化诊断最重要的阶段，在此期间项目组是怎么推进工作的？

王总：我们在一开始组建项目组时，就邀请了公司各个层级各个部分的相关责任领导，加上大老板对这次文化诊断非常重视，所以推动起来还是比较顺利的。难的是，调研时如何保证数据的“清洁性”。

周老师：想要保证数据的“清洁性”，首先要从调研框架入手，要互相佐证，能反映真实的问题。所以，问卷从员工自身及组织现有文化各维度设置问题，包括组织文化建设的现状（2 个题项）、员工对组织文化的需求（5 个题项）、组织文化满意度（6 个题项）、组织文化的激励及表现（1 个题项）、组织文化建设的建议（1 个题项）。更多从员工的角度出发考虑问题，以人为本。

项目团队主要采用 SPSS 分析软件对以上问题进行了数据统计分析，通过对组织文化各层次内容、对不同类型员工的文化激励程度、对组织文化的满意度等的相互关系进行频率分析、描述分析和交叉分析，结合集体访谈相关内容，以及纸质、电子版资料，最终得出企业文化建设现状、企业文化对员工的激励现状及员工的满意度等方面的基本结论。

主持人：这次调研的效果怎么样？

周老师：本次调研的样本共选取 500 份，通过 17 名咨询顾问的统计，我们得出了问卷调查报告，具体结果也做了 PPT。

为了深入了解 H 集团人为事物文化、价值观文化、基本深层假设文化对员工的激励现状，该项目通过几个问题收集数据，并将企业三个层次的文化分别进行频率分析，得出的数据显示企业的人为事物文化、价值观文化和基本深层假设文化对员工具有强烈的激励感受。

（1）人为事物文化对员工行为具有极大的激励作用，被调查者持肯定观点的占 94.5%，持否定观点及“说不清”的仅占 5.5%。

在人为事物文化对员工激励作用的具体表现中，个案百分比高达

77.5%的受访者认为，人为事物文化为工作提供必要的物质条件；60.3%的人认为，企业提供的产品和服务使员工在工作过程中获得成就感；42.1%的人认为，人为事物文化中的团体工作风格及同事间处事方式有利于员工更好地沟通交流；38.1%的员工认为，代表H市企业特色的符号使员工产生强烈的集体荣誉感。

（2）价值观文化对员工行为具有多方面的促进作用，肯定价值观文化“有激励作用”的员工占71.03%，认为“没有”的占11.03%，认为“说不清”的占17.94%。

在首位的选项个案百分比达67%，这部分被访者强调价值观文化中的组织目标为员工提供了努力的方向和标准；61%的员工肯定了以人为本的柔性管理可以满足员工更高的精神需求；53%的员工认为，完善的政策法规为员工提供必要的制度保障；27.1%的员工认同“价值观文化中政策、制度的制定为员工拓宽了民主参与渠道”；还有17.23%的员工认为，组织的指导思想为员工的工作和学习提供了必要的理论指引。

（3）基本深层假设文化能够提升团队凝聚力，71%的被调查者认为“有激励作用”，认为“没有”的占16.6%，还有12.4%的人选择了“说不清”。

居个案百分比首位的是认为基本深层假设文化的激励作用表现为“组织的共同愿景激励员工为共同的理想和目标一起奋斗”，61.2%的人认为，基本深层假设文化中的团队协作精神提升了H市投资集团的凝聚力。

以上就是在H市交通投资集团做文化诊断调研的所有结果，根据这些结果我们也与王总团队沟通确定了后续的行动方案，并通过了集团高层领导的决策。

王总：只能说这次变革非常有效，经过一年多的变革，集团高层都表示感受到很多变化，员工的集体荣誉感更强了，团队凝聚力提升了，企业推行一些创新技术也更顺畅了，有种轻装上阵、上了高速的感觉。

主持人：看来这次文化变革是非常成功的，两位老师在这次的变革中一定总结了想要做好国有企业文化变革，最重要的是做好哪些事情？

周老师：我认为，企业文化管理不是一朝一夕的事情，是要润物细无声慢慢形成的“潜意识”，国有企业员工很多时候流动性比较小，所以这样的“潜意识”尤为重要。制定完善的管理制度，加强认知、形成统一的行为准则，不管在哪个层级的员工都能发挥积极主动性，为企业的发展添砖加瓦，不断提升企业的核心竞争力。

王总：非常赞同周老师的意见。国有企业的特殊性，会造就国有企业的特殊问题。但所有企业都有自己的战略，国有企业的文化战略也要积极调整支撑和促进企业战略的实现，不能流于表面。同时，要以人为本，充分考虑员工各方面的权利、利益，团结凝聚员工，共同实现企业经济价值和社会价值，建设企业品牌形象。最重要的一点，就是领导一定要身体力行，积极示范传播，这样才能更好地营造和谐的氛围，实现企业文化建设和变革。

周老师：同意王总的观点！国有企业领导应该有高度的政治使命感和责任心，发扬与时俱进的精神，发挥国有企业的优势，推动企业文化建设。

主持人：好的，非常感谢两位今天参与国有企业文化变革的话题讨论，本次访谈也接近尾声了，希望两位聊聊对国有企业文化变革的期盼和希望。

周老师：随着我国不断发展和壮大，企业文化建设逐渐成为企业管理最重要甚至是主要的手段，这是社会发展的必然结果，也是未来优秀企业具备的基本素质。国有企业要继续保持高速发展，发挥组织优势，规避组织文化的不足，就需要加深对企业文化的理解和思考，一定会有更高效、更有力的推动力量帮助国有企业实行企业文化变革。

王总：企业文化变革难的不是理念提炼，而是理念落地。但是相对民营企业，国有企业在文化建设方面具有很多先天优势和有利条件，不论是管理体系还是软硬件设备，抑或人才储备等，都为国有企业的文化建设奠定了基础。所以，团结一切力量，凝聚所有员工，上下同欲，国有企业文化变革之路一定会越走越顺利。

主持人：非常感谢两位老师的发言。当今时代，我国经济发展面临诸多挑战和机会，国有企业也面临与国际正确接轨的新课题，相信在我们的共同努力下，国有企业一定会丰富企业文化内涵，构建行为规范体系，全面提升企业文化建设的层次和水平，通过企业文化建设培养提升核心竞争力，促进企业稳定发展、创新发展、跨越发展。让我们一起期待更美好的明天！

附件：关于“H 市交通投资集团文化建设”的问卷调查

1. 你的性别？

A. 男　　B. 女

2. 你的年龄？

A. 25 岁及以下　B. 26～35 岁　C. 36～45 岁　D. 46～55 岁

E. 56 岁及以上

3. 你的最高学历？

A. 研究生及以上　　B. 专科

C. 本科　　D. 高中

E. 中专、初中及以下

4. 你的政治面貌？

A. 中共党员（含预备）　　B. 民主党派人士

C. 共青团员、群众

5. 你的岗位类型？

A. 收费站岗位　　B. 路政执法岗位

C. 工勤岗位　　D. 养护岗位

E. 专业技术岗　　F. 管理岗位

G. 领导岗位

6. 你在公路系统的工作年限？

A. 1 年以下　B. 1～5 年　C. 5～10 年　D. 11～15 年

E. 15 年以上

7. 你的平均月收入？

A. 1000 元及以下 B. 1001～2000 元 C. 2001～3000 元 D. 3000 元以上

8. 与以前相比，你觉得“公路人”的地位变化情况是什么？

A. 地位下降了　　B. 地位逐渐提高

C. 没变化　　D. 不好说

9. 你如何看待现在的工作岗位？

A. 很满意　B. 比较满意　C. 还可以　D. 不太满意

E. 不满意

10. 你对本单位当前工作环境的总体评价是什么？

A. 非常满意　B. 比较满意　C. 一般　D. 不满意

11. 你觉得需要改进的方面有哪些？

12. 你与同事的关系如何？

A. 很融洽　B. 比较融洽　C. 一般　D. 比较冷淡

E. 很冷淡

13. 总的来说，你认为在本单位进行文化建设对你的职业发展有何影响？

A. 很有帮助　B. 比较有帮助　C. 帮助不大　D. 不好说

14. 你对开展公路文化建设是什么态度？

A. 坚决支持　B. 支持中立　C. 不支持　D. 很不支持

E. 说不清楚　F. 拒答

15. 你一般通过什么方式和途径了解单位倡导的精神或理念（可

多选）？

A. 领导讲话　　B. 单位内刊

C. 单位内部网站　　D. 宣传板报

E. 文化手册　　F. 各种会议和文件职工手册

G. 其他（请注明）

16. 你认为本单位在今后公路文化建设中还需要加强哪方面工作？

A. 增加活动场所、设施，加强基础设施建设

B. 增加文化活动的经费与投入

C. 大力培养职工文艺活动骨干和队伍建设

D. 丰富文化活动内容和形式，提升职工的参与兴趣和积极性

E. 制定完善的文化管理体系，形成制度化文化活动建设体系

F. 其他（请注明）

17. 你对加强公路文化建设还有哪些意见或建议？（可写在背面）

第八章

让公用事业单位重燃工作热情：珍妮弗·查特曼的组织文化剖面图

举步维艰

“最近工作是真的难推进，今天跟工程部的老张说把方案再改一下，然后碰了一鼻子灰，大家有点消极怠工。”忙完一天的工作，我跟媳妇儿絮叨工作上的烦心事，互相吐槽。

“不是我说你王翔，你就是太负责任了，跟别人一起划水不好吗?”媳妇儿边忙活边怼我。

“唉，小时候就希望自己做个飞行员，现在能在机场做一名生产管理部组长，我也是圆了半个小时候的梦想了。”我打趣自己。确实，很多同事进入公司的时候都有或大或小的梦想，但是长时间的重复工作，或者专业不对口，再加上三天两头加班，所有人的工作热情日益减退，对待工作越来越消极，不愿意积极主动承担责任，没有独立思考，更别提工作的创新和提升了。

“大学一毕业你就加入这个公司，这都十几年了，每年都是‘优秀员工’，真不是白得的。你这是为了梦想奋斗啊!”媳妇儿也开始逗趣儿了。

“有时候，也不是不想放过自己，也会觉得这样很舒服，一切都是缘分吧，佛系一点好了。但看到那些刚进入公司的‘95后’也是浑浑噩噩的，这样下去肯定是不行的。”我痛心疾首，这么大的公司，人人自由散漫，怎么行?

整装待发

“张总，你找我。”一大早，张总的助理就打电话让我来见张总，这是我们机场的大领导，平时难得见一次。

“请坐。我找你是希望了解一下基层管理者在实际工作中的困难，你也是咱们机场的‘老人’了，年年都是优秀、先进员工，想听听你的意见。”张总解释找我的原因。

“一会儿，咱们HR的陈娟经理也会过来，一起聊聊。”张总示意我先喝茶。

以前见大领导都是在颁奖现场，这么近距离观察领导还是第一次。气氛那叫一个紧张和尴尬。我平时也不爱说话，总觉得光说不练假把式，埋头干活儿才是正经。

“张总，这次基层干部意见收集已经完成 4 个人了，你这才开始第一个呀！”未见其人先闻其声，HR 经理陈娟也是个巾帼不让须眉的女强人，里里外外一把好手，把公司的上下打点得井井有条。

“王工，你别紧张。这次邀请你，也是为了调查基层管理者的实际管理工作，咱们就简单聊聊。之前就了解到你是一个爽快人，所以想听听你的意见。”陈经理一边解释原因，一边打开电脑给我展示访谈提纲。

“对，平时汇报工作看多了那些中层岁月静好的样子，但谁都能感觉到实际工作推进难、改革难、创新难。”张总开门见山。

“领导，我就直说了，我最近感觉到很大的阻力，不管是在推进工作，还是跨部门沟通，心有余而力不足。”我也没有藏着掖着，直白地跟领导反馈想法。

“所以，我们最近打算邀请管理咨询公司为咱们集团做一次企业文化诊断和治理，也是为了让集团更好地适应时代的发展，能够推陈出新、提升服务质量，更好地应对市场经济。其实，今天请你来也是问问你，有没有兴趣加入项目组。”陈经理道出了终极目标。

“我能行吗?”这么重要的项目，怎么会轮到我呢? 以前的我，埋头苦干期待破土而出，如今终于被领导重视了！

“邀请你来就是对你的情况做了一些了解，项目组需要你这样的人才，专业技术过硬，长年在基层工作，对基层了如指掌。”陈经理对我一顿夸。

“谢谢组织的信任，我定不辱使命！”我忙不迭表明了决心，高管都开始重视了，公司的情况总会有点变化吧，加油！

第一节　模型简介：何为 Chatman 的组织文化剖面图

大部分个体层面上的组织文化研究者认为，组织价值观是组织文化的核心，而且它能通过理论和方法进行重复鉴定，也能做操作性定义和测量，所以大多数个体层面上的组织文化量表严格地说都是组织价值观的量表。这些测量问卷中，以 Chatman 的 OCP 问卷的影响力最大。

美国加州大学的 Chatman 教授为了从契合度的角度研究“人 - 企业”契合和个体有效性（如职务绩效、组织承诺和离职）之间的关系，构建了企业价值观的 OCP 量表。最初的 OCP 量表由 54 个测量项目组成，反映企业价值观的一些典型特征。Chatman 认为，OCP 量表可以区分出七个文化维度（革新性、稳定性、尊重员工、结果导向、注重细节、进取性和团队导向），但是在实际的不同测量应用中，每个维度对应的测量项目可能有所差别。

OCP 量表的测量项目通过对学术和实务型文献的广泛回顾来获得，经过细致的筛选最终确定 54 条关于价值观的陈述句。和多数个体层面上的研究采用 Likert 的计分方式不同，OCP 量表采用 Q 分类的计分方式，被试者被要求将测量条目按最期望到最不期望或最符合到最不符合的尺度分成 9 类，每类中包括的条目数按 2 - 4 - 6 - 9 - 12 - 9 - 6 - 4 - 2 分布，实际上是一种自比式（ipsative）的分类方法。在西方国家，OCP 是最常用的企业价值观测量量表之一，它在我国台湾地区和香港地区也有一定的影响。Judge 将 OCP 精简为包括 40 个测量项目的量表，Q 分类按 2 - 4 - 4 - 6 - 8 - 6 - 4 - 4 - 2 分布。

第二节　模型选择：为何使用 OCP 量表

渐入佳境

咨询项目组入驻后，我更忙了，每天跟着项目组调研，对于航空行业的大环境有了新的认知。

“机场行业是民航运输业重要的辅助行业，其发展与民航运输业高度相关，同时表现出一定的周期性特征。在民航运输业运力持续投放、收费改革提价等多重因素作用下，机场行业的整体趋势向好；但仍面临着区域发展不均，支线机场持续亏损，部分枢纽机场航班放行正常率不达标，以及高铁网络的竞争分流等风险因素。从行业整体来看，在民航运力持续投放、需求旺盛、收费改革提价等多重因素作用下，机场行业仍面临良好的发展环境。”项目经理杨帆做着前期项目调研汇报。

“在这样的大环境下，对于机场行业的管理运营提升提出了更高与更新的要求，机场业对外要转变经营作风、改善经营方式、提升服务质量；对内则要苦练内功，提升企业的内部凝聚力及行业竞争力，这就使得机场行业对于企业文化建设产生了较为迫切的需求。

“C 机场集团公司隶属于中国民用航空局，是一家以机场业为核心的跨地域的大型国有企业集团。

“经过多年的发展，集团公司目前已经成为全球最大的机场管理集团之一。截至 2019 年底，集团公司管理资产规模超过 2000 亿元，员工 5 万多人。管理着北京、天津、河北、江西、吉林、内蒙古、黑龙江 7 个省市自治区 53 个干支机场，下属企业超过 100 家，形成了机场管理、服务保障、机场建设、临空地产、航空物流、金融证券、酒店管理、财务投资 8 个板块协同发展的业务布局。在主业发展上，2019 年，全集团所属机场旅客吞吐量、货邮吞吐量和运输架次分别达到旅客人数 2 亿人次以上、货物260多万吨、飞机起降155万架次以上，同比分别增长3.5%、-2.7%和0.8%，在机场行业名列前茅。

“公司的总体工作思路进一步明确为‘1-4-3-4-1’：‘1’是指根据习总书记的重要指示批示精神统一思想行动；‘4’是担当‘四个服务’，服务国家战略、服务地方发展、服务广大旅客、服务航空公司；‘3’是实施‘三大战略’，实施新机场战略、双枢纽战略、机场群战略；‘4’是建设‘四型机场’，建设平安机场、绿色机场、智慧机场、人文机场；‘1’是打造‘世界一流’，打造具有创新能力和国际竞争力的世界一流机场管理集团。

“这些业绩表现、管理思路在业内是非常先进的。但在公司内部，却没有起到非常积极的激励作用，我们也做了一些调查和分析，主要原因是大家更喜欢按规章制度办事，觉得有很多制度在束缚工作。当然，这只是小范围调查的猜测，实际情况还是需要做全面调查以后才能确定。”项目经理杨帆根据前期调研做了详细的汇报。

“一般针对企业文化调研，我们都会推荐2~3个模型以供选择。针对C机场集团公司目前了解的情况，我们推荐OCP量表工具。

“主要有几个原因：

“第一，OCP量表的有效性。作为在西方管理学界最常用的企业文化量表之一，OCP量表在国内也有一定的影响力。OCP的测量项目是对学术和实务型文献的广泛回顾获得的，其特点是既可以用来描述企业的价值观，也可以用来描述个人的价值观，通过细致筛选最终被确定为54个陈述句。OCP量表采用Q分类的计分方式，被试者被要求将测量项目按最期望到最不期望或者最符合到最不符合的顺序分成9类，实际上是一种迫选方法，可有效回避社会期许性和天花板效应。

“第二，OCP主要是测量个体价值观和组织价值观的契合度。很多案例证明了OCP量表在美国样本中（会计公司、服务业、MBA学生和政府机构等）表现出稳定的7个文化维度，分别是革新性、稳定性、尊重员工、结果导向、注重细节、进取性和团队导向。案例报告了良好的内部一致性、重测信度及区分效度。另外，通过分析不同的样本，对用OCP度量的个体价值观和组织价值观进行了详尽的因素分析，结果表明两者基本上具有同样的维度结构，可以进行对比，从而为契合度案例奠定了基础。

"第三，OCP量表在行业内的表现极佳。OCP量表之前在公共服务部门的成功应用，被证明这个工具在这类组织中的应用是有效的和可靠的，在个人和组织匹配度的研究中，OCP量表是最常使用的量表工具之一。而C机场集团公司无论是从其企业结构和组织性质上，还是企业的主体业务方向上，都是OCP量表的良好应用对象。"

"我们希望企业能够有足够的创新精神，毕竟市场瞬息万变，必须紧跟潮流才能不被淘汰。

"虽然现在机场行业发展前景比较好，但是同行业竞争也是有的，所以我们需要高筑墙、深挖渠，打造强有力的核心竞争力。"张总对这次的调研和治理提出了想法。

"我们作为基层管理者也希望公司的政策能够为员工谋福利，毕竟大家都是为了求发展才来工作的。"我也提出了自己的希望。

"是的，每个企业都需要建设核心竞争力，创新绝对是上上之策。同时，也要兼顾企业和员工共同的期望。我们会在设计问卷和治理方案上着重考虑这一点。"项目经理杨帆明确未来的工作方向。

第三节　测试工具：OCP和OCAI量表

一、OCP量表

OCP量表被证明用于卫生保健人员（Vandenberghe，1999）、会计（Chatman，1991）、政府人员（O'Reilly et.，1991）是可靠的，Tepeci和Bartlett（2002）认为量表缺少一些服务业文化的要素，将其修改后又用于服务行业并证明有效。

许多研究组织文化概念和操作的方法是借用 O'Reilly 等人的维度研究（Kevin，Graeme and Robert，2004），这些维度随后集合成任何组织的特定分享模式，但并不是分类所必要的（Trompenaars，1994）。在研究个人——组织匹配的研究中，OCP 量表是最常使用的量表之一（Tepeci and Barlett，2002）。

OCP 量表示例

下面40条组织价值观的陈述，你所在的（或最近工作过的）企业（或其他组织）对它们的重视程度是怎样的，请给予相应的分数。

"1" 表示 "不重视"，"2" 表示 "有点重视"，"3" 表示 "一般重视"，"4" 表示 "很重视"，"5" 表示 "非常重视"。

（1）适应能力
（2）深度思考
（3）迅速利用机会
（4）承担风险
（5）自主权
（6）善于分析
（7）直接面对冲突
（8）免费共享信息
（9）公正公平
（10）忍耐力
（11）决定性
（12）高度组织化
（13）明确的指导思想
（14）高绩效的期望
（15）高薪表现良好
（21）稳定发展
（22）创新性
（23）承担识别责任
（24）职业成长机会
（25）以规则为导向
（26）注意细节
（27）以团队为导向
（28）以人为本
（29）不受很多规则的约束
（30）非正式
（31）有竞争力
（32）成就定向
（33）结果导向
（34）咄咄逼人
（35）雇用安全

（16）善的赞美表现

（17）冷静

（18）快速掌握机会

（19）工作很长时间

（20）强调质量

（36）相互支持

（37）工作中结交朋友

（38）工作热情

（39）有良好的声誉

（40）与众不同

二、OCAI 量表

大多数企业层面上的研究关注的是企业文化和企业有效性之间的关系。研究者们构建测量问卷，主要是为了深入探究企业文化如何影响企业的有效性。在众多的测量问卷中，比较有影响力的有 Denison 构建的组织文化问卷（Organizational Culture Questionnaire，简称 OCQ）、Quinn 和 Cameron 构建的组织文化评价量表（Organizational Culture Assessment Instrument，简称 OCAI）。以下为 OCAI 问卷的简单介绍与应用示例。

（一）原理简介

美国密西根大学商学院的 Quinn 教授和西保留地大学商学院的 Cameron 教授在竞争价值观框架的基础上构建了 OCAI 量表。OCAI 根据六方面的判据来评价企业文化：主导特征、领导风格、员工管理、组织凝聚、战略重点和成功准则。问卷共有 24 个测量条目，每个判据下有四个陈述句，分别对应着四种类型的企业文化。对于某一特定企业来说，它在某一时点上的企业文化是四种类型文化的混合体，通过 OCAI 测量后形成一个剖面图，可以直观地用四边形表示。

（二）应用讲解

OCAI 的突出优点在于为企业管理实务者提供了一个直观、便捷的测量工具，而且在企业文化变革方面有较大的实用价值，可以按照下面的 OCAI 问卷和指导语来测量企业的文化。

首先，根据企业的现状，按照和每种判据下四种情况的符合程度，将 100 分分配给四种情况。以此类推，先回答完所有描述现状的测量条目；然后回到问卷的开始，思考这样的问题：如果你的企业在今后 5 ~ 10 年要取得成功，你觉得企业文化“应该”怎么样？请在“偏好”列下面，按照“应该”的企业文化和每种判据下四种情况的符合程度，将 100 分分配给这四种情况（例如 20 – 50 – 20 – 10），并回答完所有描述偏好的测量条目。注意，第一轮评定的问题是基于“当前”。也就是说，第一轮是评定组织的当前文化与相关描述的相符程度。完成第一轮评定后，将进入第二轮评定。第二轮评定是基于你的期望，即组织要获得更大的成功，今后 5 年组织文化应该达到的状态。

1. 第一轮：对组织文化现状的评定

表 8 – 1　对组织文化现状的评定

1. 主导特征		**当前状况**
A	组织是一个人情味很浓的地方，就像家的扩展，成员之间有很多分享	
B	组织是一个非常有活力、企业色彩浓厚的地方，人们乐于冒险	
C	组织是强结果导向的，成员最感兴趣的方面是“完成工作”，成员有很强的竞争导向和成就导向	
D	组织是一个控制非常严格、结构十分严谨的地方，成员的所作所为都受正式流程的普遍控制	
	总分	
2. 领导风格		**当前状况**
A	组织的领导者被普遍看成是其下属的榜样、典范、促进者或照料者	
B	组织的领导者被普遍看作富有企业精神、创新精神，并乐于冒险的典范	
C	组织的领导者被普遍看作是严肃的、富有侵略性的、结果导向的	
D	组织的领导者被普遍看作协调、组织、平稳运作的典范	
	总分	
3. 员工管理		**当前状况**
A	组织的管理风格以团队工作、一致性、参与性为特征	
B	组织的管理风格以个人冒险、创新、自由主义、独特性为特征	

续表

C	组织的管理风格以强烈的竞争性、高要求、成就导向为特征	
D	组织的管理风格以安全的雇用关系、可预测性、稳定性为特征	
	总分	
4. 组织凝聚		**当前状况**
A	将组织成员凝聚到一起的是忠诚和相互信任，对组织的承诺被摆在首位	
B	将组织成员凝聚到一起的是对创新与发展的信奉，组织经常强调“我们正处于被淘汰的边沿”	
C	将组织成员凝聚到一起的是对成就和目标达成的强调，侵略性和胜利是组织共同的主题	
D	将组织成员凝聚到一起的是正式的规则和政策，维持一个平稳运作的组织是重要的	
	总分	
5. 战略重点		**当前状况**
A	组织强调人的发展、高信任度、开放及持续参与	
B	组织强调获取新资源和创造新挑战，尝试新的事情、寻求新机会是组织推荐的	
C	组织强调竞争性的行为和成就，对目标一击而中，以及赢得市场在组织中居于统治地位	
D	组织强调持久和稳定，效率、控制和平稳运作似乎非常重要	
	总分	
6. 成功准则		**当前状况**
A	组织对成功的定义基础是“人力资源的发展、团队工作、雇员承诺及对人的关怀”	
B	组织对成功的定义基础是“拥有最多独特的或者最新的产品”，成功人士是产品领先者和革新者	
C	组织对成功的定义基础是“赢得市场，赶超竞争对手”，竞争市场的领先者是关键	
D	组织对成功的定义基础是“效率”，可靠的运作、平稳的程序及低成本生产至关重要	
	总分	

2. 第二轮：对今后 5 年，期望达到的组织文化的评定

表 8－2　对今后 5 年，期望达到的组织文化的评定

1. 主导特征		今后 5 年
A	组织是一个人情味很浓的地方，就像家的扩展，成员之间有很多分享	
B	组织是一个非常有活力、企业色彩浓厚的地方，人们乐于冒险	
C	组织是强结果导向的，成员最感兴趣的方面是“完成工作”，成员有很强的竞争导向和成就导向	
D	组织是一个控制非常严格、结构十分严谨的地方，成员的所作所为都受正式流程的普遍控制	
	总分	
2. 领导风格		**今后 5 年**
A	组织的领导者被普遍看作其下属的榜样、典范、促进者或照料者	
B	组织的领导者被普遍看作富有企业精神、创新精神，并乐于冒险的典范	
C	组织的领导者被普遍看作是严肃的、富有侵略性的、结果导向的	
D	组织的领导者被普遍看作协调、组织、平稳运作的典范	
	总分	
3. 员工管理		**今后 5 年**
A	组织的管理风格以团队工作、一致性、参与性为特征	
B	组织的管理风格以个人冒险、创新、自由主义、独特性为特征	
C	组织的管理风格以强烈的竞争性、高要求、成就导向为特征	
D	组织的管理风格以安全的雇用关系、可预测性、稳定性为特征	
	总分	
4. 组织凝聚		**今后 5 年**
A	将组织成员凝聚到一起的是忠诚和相互信任，对组织的承诺被摆在首位	
B	将组织成员凝聚到一起的是对创新与发展的信奉，组织经常强调“我们正处于被淘汰的边沿”	
C	将组织成员凝聚到一起的是对成就和目标达成的强调，侵略性和胜利是组织共同的主题	

续表

D	将组织成员凝聚到一起的是正式的规则和政策，维持一个平稳运作的组织是重要的	
	总分	
5. 战略重点		**今后 5 年**
A	组织强调人的发展、高信任度、开放及持续参与	
B	组织强调获取新资源和创造新挑战，尝试新的事情、寻求新机会是组织推荐的	
C	组织强调竞争性的行为和成就，对目标一击而中，以及赢得市场在组织中居于统治地位	
D	组织强调持久和稳定，效率、控制和平稳运作似乎非常重要	
	总分	
6. 成功准则		**今后 5 年**
A	组织对成功的定义基础是“人力资源的发展、团队工作、雇员承诺，以及对人的关怀”	
B	组织对成功的定义基础是“拥有最多独特的或者最新的产品”，成功人士是产品领先者和革新者	
C	组织对成功的定义基础是“赢得市场，赶超竞争对手”，竞争市场的领先者是关键	
D	组织对成功的定义基础是“效率”，可靠的运作、平稳的程序及低成本生产至关重要	
	总分	

3. 示例

表 8－3　示例

对组织文化现状的评定		今后 5 年期望达到的组织文化的评定	
A	55	A	35
B	20	B	30
C	20	C	25
D	5	D	10
总分	100	总分	100

4. OCAI 计分第一步：计算第一轮的得分

表 8－4　计算第一轮的得分

1A	1B
2A	2B
3A	3B
4A	4B
5A	5B
6A	6B
总分（所有选项 A 的得分加总）	总分（所有选项 B 的得分加总）
平均分（总分除以 6）	平均分（总分除以 6）
1C	1D
2C	2D
3C	3D
4C	4D
5C	5D
6C	6D
总分（所有选项 C 的得分加总）	总分（所有选项 D 的得分加总）
平均分（总分除以 6）	平均分（总分除以 6）

5. OCAI 计分第二步：计算第二轮的得分

表 8－5　计算第二轮的得分

1A	1B
2A	2B
3A	3B
4A	4B
5A	5B
6A	6B
总分（所有选项 A 的得分加总）	总分（所有选项 B 的得分加总）

续表

平均分（总分除以6）	平均分（总分除以6）
1C	1D
2C	2D
3C	3D
4C	4D
5C	5D
6C	6D
总分（所有选项C的得分加总）	总分（所有选项D的得分加总）
平均分（总分除以6）	平均分（总分除以6）

第四节　模型应用：Chatman的组织文化剖面图的应用

测量价值观的工具一般采用两种方式或方法，Chatman称为标准的和自模的。在标准的方法中，回答者根据对题项认同的程度，用Likert量表法测量，每个人的价值观是独立被测量的。在自模的方法中，测量对各种价值观的偏好，回答者要求要么把一组价值观分等级排列，要么选择一个价值观而以牺牲其他价值观为代价的强迫选择。OCP量表采用Q分类方法，就是一种自模的强迫分配形式。

通过这样的分类，你可以判断出企业价值观中哪些是企业现在重视的，你还可以和偏好的价值观比较，看看价值观还需要做哪些改进。如果将头等重视（重要）到第九等重视（重要）按9－8－7－6－5－4－3－2－1的方式计分，则每个价值观都有具体的得分。

你可以通过组织企业中对企业文化和企业经营熟悉的人员组成一个团队，通过讨论（不是平均）发现本企业“客观”和“将来应该（偏好）”的价值观条目得分。这样，你还可以观察企业员工与企业之间对价值观的现状和偏好的差距。这些信息对于企业的价值观设计和建设是非常有用的。如果你的企业现状中“稳定发展”“井然有序”排名靠前，而偏好反映出“冒险精神”“快速掌握机会”和“结果重于过程”排名靠前，那么在设计企业价值观时，就要注意反映创新、结果导向的内容。你还可以考察员工们的偏好和企业偏好之间价值观的差距，重点通过各种方式向员工灌输目前仍有较大差距的价值观。

调查问卷的设计，采用 Chatman（1989）制定的基准量表，加入了一些符合中国文化背景，以及与机场行业相关的内容与条目，邀请专家进行翻译、评估和筛选，先后组织了四次专门研讨会，多方合力共同就量表内容的增减、条目的编写进行探讨，最终得到 54 个条目。这版个性化量表得到多方认可，确保了公信力。接下来，在此基础上咨询顾问团队分别制定了 OCP 量表的领导版和与员工版，它们条目相同，注释不同——前者倾向企业价值观，后者倾向个人价值观。示例如表8－6所示。

表 8－6　7 因子模型载荷矩阵

维度	条目	因素 1	因素 2	因素 3	因素 4	因素 5	因素 6	因素 7
创新	低冲突性	－0. 628						
	创新性	0. 564						
	敢于尝试	0. 551						
	把握机会	0. 485						
	随和	－0. 481						
	灵活性	0. 476						
	声誉良好	－0. 471						
	适应性	0. 452						
	果断性	0. 364						
	敢于冒险	0. 310						

续表

维度	条目	因素1	因素2	因素3	因素4	因素5	因素6	因素7
尊重员工	雇用安全		0.676					
	表扬高绩效		0.636					
	尊重个人权利		0.574					
	与他人合作		0.506					
规则导向	稳定性			0.619				
	与众不同			-0.610				
	不受过多规则限制			-0.587				
	可预测性			0.574				
	规则导向			0.444				
职业成长	职业成长机会				0.689			
	绩效工资				0.656			
	对表现有高期望				0.554			
	成就导向				0.511			
关注质量	一丝不苟					0.664		
	严格要求					0.531		
	关注细节					0.504		
	注重质量					0.441		
深思熟虑	分析性						0.707	
	三思而行						0.584	
	冷静						0.452	
	宽容性						0.451	
团队精神	团队导向							0.628
	小心谨慎							-0.499
	工作激情							0.473
	高度条理性							0.419
	信息自由分享							0.357
	结果导向							-0.309

调研小组经过一个多月的努力，终于完成了调研的主体工作，共抽取了6个单位的领导层（党组班子成员）和员工进行调查。分为两个阶段：

第一阶段：发放并收回领导版问卷41份，回收率100%；发放员工版问卷600份，收回527份，回收率87.8%。

第二阶段：发放并收回修订后的领导版问卷41份，回收率100%；发放修订后的员工版问卷、工作满意度及组织承诺问卷600份，收回573份，回收率95.5%。

整体的调研工作进展比较顺利，一方面高层领导非常重视工作，各个部门的经理、主管也都很配合；另一方面调研员也感受到来自高层的关心，积极主动配合，表达自己的希望和需求。

“首先，经过对OCP量表问卷的统计分析，我们得出集团公司及商飞领导层对企业文化最看重的是创新，这与访谈中了解到的公司将在世界航空领域依靠创新打破垄断的定位是相符的。

“其次，在集团的企业文化中着重强调规则导向，这也是非常有中国特色的结果。而员工层面认为最符合自身特点的是规则导向和关注细节，只有掌握好规则和尺度才能开展工作，考虑到公司的员工以前所在的单位也都是国有的，这一点就不难理解了。

“在关于团队精神的评测得分中，其结果导向和小心谨慎呈现出负偏态分布，表明目前公司仍处在较健康的状态，虽然未形成体系明确的企业文化，但是整体而言气氛是统一的。公司未来工作重点应该是加强对创新的宣传和实践，并制定鼓励创新的政策与方案，从组织的最高层面加以推进，达到员工和企业目标的和谐一致。”项目经理杨帆汇报最终的调研结果和行动方案。

“目前的结果符合我们的预期，行动方案也是根据之前的要求设计的，我觉得没有问题。”张总对于文化诊断工作的结果非常认同。

“目前行动方案里涉及的部门相关负责人也都深度参与了本次调

研，也对行业有了理解和认知，相信具体推进和落地工作不会很困难。”HR 负责人陈经理也对这次调研表示十分满意。

“王工，你是咱们基层管理者的代表，你说说?”张总探着头问我。

“领导，我一定会把要求落实到本部门，请领导放心!”我拍着胸脯保证。

会议在一阵欢声笑语中结束，文化变革治理之路也正式启程。

“你最近怎么不抱怨单位的事情了?”媳妇儿跟我吃饭的时候，在电视剧插播广告的空当问了我一句。

“我们公司刚做了一次企业文化诊断和治理，现在正推行新政策，大家都变得有目标感、使命感了，做起事儿来积极主动，之前我说要更新方案怼我的老张，都开始主动找我了!”我跟媳妇儿汇报着。

“你是参加了项目小组以后，开启飞翔模式啦? 升职加薪，平步青云，走上人生巅峰，实现小目标了。”媳妇儿挑着眉调侃我。

“对啊，坚持梦想，方得始终!”我感慨。

第九章

线下教育机构的涅槃重生：基于中国传统文化的“三世五行”分析模型

一语惊醒梦中人

“新来的CHO又要走了。”

“刚来两个月就走啊?”

“对啊，咱们公司CHO可真难招啊!”

鸣鹿英语已经经营15年，致力于线下少儿英语教育，培养全球化思维，为新时代中国少儿走向世界赋能。但是，2020年突如其来的疫情，让整个线下教育行业停摆，鸣鹿英语也不能幸免。

临时换帅，有国际资本北京的CEO临危上阵，扛起线下转线上的大旗。但是战略变化很大，给公司内部带来的震荡和冲击也非常大，在公司就职7年多的CHO自请离职，新招来的CHO也都是一两个月就决定离开。这已经是第三个了。

CEO张敏对这件事情非常头疼，其实她也有很深的感触，在这个传统了十几年的公司里骤然推行改革，确实困难重重，想要做好，需要一个在组织能力建设领域有相当深厚研究的人才能带得动。

这天，她上EMBA班时，跟同学提出这个问题，有人建议她找咨询公司做一次全面的企业文化诊断，判断清楚到底是哪里需要调整，明确调整的方向，这样才能有的放矢、事半功倍。

这点醒了张敏，她一直觉得有问题，但又说不清楚哪里有问题，请教第三方，旁观者清，可以更好地找到症结，帮助公司快速平滑地转型。

第一节　模型简介：何为“三世五行”分析模型

“三世五行”分析模型是笔者基于多年企业文化咨询经验，融合借鉴传统文化、西方相关模型提出的文化分析诊断模型。“三世五行”分析模型，用发展的眼光审视企业文化的影响因素，追根溯源，了解企业文化的成因走向；吐故纳新，对五个影响因素进行分析及调整；以终为始，构建符合企业实际及未来发展需要的企业文化体系。作为探究企业文化形成的系统性解析思路，本模型效果经过实践验证，比较符合中国有企业业现状及需求，是少有的本土化企业文化诊断工具。

“三世五行”之名来源于传统文化，“三世”来源于佛教：过去、现在、未来，契合此模型从时间维度分析企业文化的发展脉络的思路；“五行”来源于古代哲学五行说：金、木、水、火、土五种组成世界万物的基本元素，代表世界万物的形成及相互关系，契合此模型从环境、实践、类型、同业、战略五个影响因素分析企业文化立体构成的思路。“三世”含因果之理，“五行”揭演变之道，这都是古代先贤对事物发展一般规律的辩证思考，与此套模型的思路及目的极为契合。

一、创新背景

企业或组织的文化建设项目的整个过程就是在思考如下几个问题：

- 这个企业当前的文化是什么？
- 如何形成的？
- 哪些因素影响或推动了当前企业文化体系的形成？
- 新的文化体系应该是什么样的（继承什么、发扬什么、补充什么）？
- 新的企业文化如何让广大员工认可接受？
- 文化体系如何才能实现本土化中国化？

正是基于以上思考，使我们在实践现有文化建设模型的基础上，进一步拓展关于企业文化理念体系的研究，在继承中国传统文化的基础上，最终促成了笔者对本模型的设计。

二、基本概念

“三世五行”分析模型，从企业文化的发展脉络及发展影响因素出发，以过去、现在、未来的时间划分为基础，从环境、实践、类型、同业、战略五个核心因素入手，立体、全面、系统地分析企业或组织的文化基因、现状特征和未来诉求。整体考量企业全生命周期的内生因素与外部环境，用全面发展的眼光、周全细致的角度、辩证唯物的思路来考察分析企业或组织的文化基因与特征；综合利用各种文化模型与工具，挖掘企业内在的深度需求与对未来发展的诉求，精准定位企业文化特色，把握文化发展方向，进而建构独特的企业文化体系。

三、模型创新

本模型是对于企业或组织优秀文化积淀的系统解构，对于未来先进文化诉求的系统思考。作为一个综合系统性分析诊断企业文化的有效工具，本模型在开发过程中结合借鉴了前人的研究成果，融入中国传统文化的思辨哲学原理，是对企业文化建设理论的本土化应用。这个模型可以有效而系统地解构企业或组织的优秀文化积淀，分析预测对未来先进文化的诉求，作为一个系统性的文化分析工具，它的优点在于视角全面、思虑周详。

第二节　模型选择：为何使用“三世五行”分析模型

齐头并进寻出路

说干就干是张敏一贯的风格，企业文化咨询的事情暂时没有合适的 CHO 操办，就自己操办，这事儿总得有个定论。

请身边的同学、朋友推荐了三家咨询公司做了沟通了解后，决定在 2020 年 8 月底前启动调研工作，预计 10 月底完成。

咨询公司表示，这种经营了十几年的传统企业做线上化转型一直以来都非常难得，需要长时间做铺垫和教育。教育机构这种知识型人才结构的公司做起来简单一些，毕竟大家所处的大环境——互联网的接受程度还是很高的。

对于张敏来说，这些话她安慰自己很多次了，但工作推进起来阻力不小。

“经过前期的了解沟通，也收集到来自高层管理者和基层员工的一些想法，我们这次诊断和治理的目标是支持业务战略发展，让组织能力更灵活多变。”咨询公司的项目经理郑晓龙在做阶段汇报。

“基于公司是发展了15年之久，在做企业文化诊断和治理的时候需要考虑的因素比较多，所以我们推荐使用‘全维度’模型，可以从时间和空间维度、从外部和内部角度来系统分析一个企业或组织的文化基因、现状特征和未来诉求。

“这个模型可以很好地分析客户组织文化成因、现状和改进之处，为未来企业文化诊断、企业文化大纲构建提供论点和论据。因为一个企业文化的形成与外部环境、自身发展过程息息相关，文化的变革与战略发展要求、外部优秀文化吸收，以及当前文化优势的发扬和短板的弥补密不可分。”项目经理郑晓龙说道。

“好的，没问题。有一件事情想提前跟你沟通一下，咱们公司老员工比较多，有一些是来自国有企业的同事，在公司十多年了，贡献比较大。在做调查的时候，一定要避免让他们觉得是排旧，要让他们说出真实的感受和期待。”张敏叮嘱。

“好，这方面我们会多加注意的。”郑晓龙保证。

第三节　模型剖析：深入了解“三世五行”分析模型基本操作方法

企业文化的“三世五行”模型是一个较为全面的文化分析工具，我们认为一个组织文化的形成与自身的发展历程、内部组织结构的构成及外部环境的影响息息相关。在分析企业文化的变革与其战略发展要求的匹配程度、帮助企业积极吸收外部优秀文化、发扬企业目前所具备的文化优势、规避企业文化短板的过程中，应该从时间维度上分析当前面企业文化的发展轨迹，将企业或组织的文化形成按照时间维度分成历史、现状和未来“三世”，进行针对性的分析；在时间维度分析的基础上，将每个阶段进行细化分析，从不同的空间位置视角切入，从环境、实践、类型、同业、战略“五行”因素对企业文化进行全息式分析。如图9－1所示。

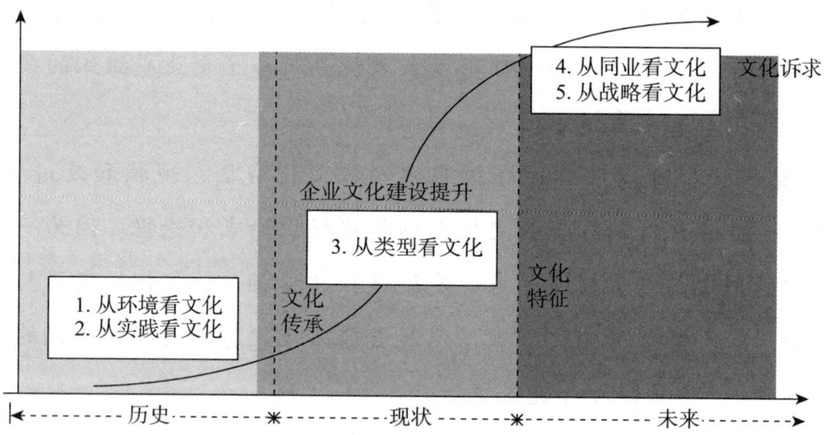

图9－1　“三世五行”模型

一、纵深：以时间为轴分析诊断企业文化

在正式开展企业文化建设之前，厘清企业或组织的成长和发展历程十分重要，任何企业和组织的成长都是持续不断的连续体，企业文化的形成与其从初创到成长的生命周期中的不断积累和传承息息相关。因此，建设企业文化，必然不能把企业前期的历史文化传承与优秀的文化特征简单割裂开来，应该以发展的眼光将企业组织的文化形成按照其成长的历史周期，在时间维度上以历史、现状和未来三个阶段进行针对性的分析，来摸清企业文化诞生发展的脉络，总结其文化现状的特点、内涵和源起。具体到各个阶段上，要从企业自诞生到发展过程中的历史阶段上了解其累积的文化传承；进而分析其在当前现状阶段的文化特征；最终通过总结分析历史和现状的传承脉络，来预测判断企业在未来阶段

对于企业文化发展的诉求。这样的追根溯源，可以在时间维度上为企业文化的发展指出方向，并根据文化传承因素发挥的作用进行扬弃，形成文化诊断的最终观点。如图 9－2 所示。

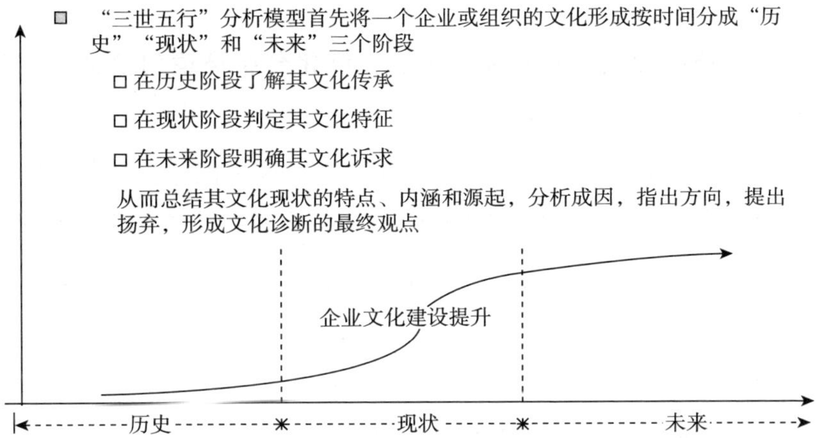

图 9－2　以时间为轴分析诊断企业文化

二、横剖：在时间维度基础上全面解构企业文化

通过时间维度上的划分使我们可以摸清企业文化发展的基本脉络，作为人类社会有机组成部分的企业组织，在实施文化建设项目时，应该在深究企业文化各个时间阶段特征的基础上，进一步拓展细化分析每个所属阶段的外部环境、文化实践、所属类型、同业特征及企业战略等相关因素，从“五行”上对企业文化予以更深入细致的解构。

这种解构是在对企业宏观的历史、现状、未来的时间维度划分基础上，对每个阶段细化文化分析的切入视角，站在不同的位置对文化进行全息式分析。相应的操作：在企业的历史阶段，以“先外后内”的空间顺序设定分析视角，从外部“环境”到内部“实践”分析客户的文化传承；在现状阶段，以当前企业管理学界标准化的文化类型分析模型与工具，对客户的文化特征进行分析与归类；对于企业发展的未来阶段，仍应遵循“先外后内”的原则，对企业外部优秀的“同业”文化加以借鉴与分析，再对企业内部的“战略”文化的未来需求进行分析，进而明确企业文化变革的相关必要元素。

“三世五行”模型总体上说，从“五行”的空间视角所切入与总结的，是回答企业的组织文化应该继承什么、发扬什么、补充什么的问题。

（1）从环境影响因素看文化血脉，细化分析环境对企业文化形成的影响。

任何文化都是在一定的环境中产生、发展起来的，具体的影响因素包括企业所属国家与民族的传统文化、所在地域的地域文化、所属行业产业的行业文化，以及因其自身所属的企业性质文化等。这种基于企业在历史发展阶段的环境影响分析，在具体实施中应该按照从大到小、从远到近的要求进行全面诊断，而最终挖掘出来的，是企业自诞生之日起所形成的不可割舍、难以磨灭的文化的血脉，可以使企业文化工作者更清晰地把握企业的文化本质，更准确地抓住企业的文化需求。如图9－3所示。

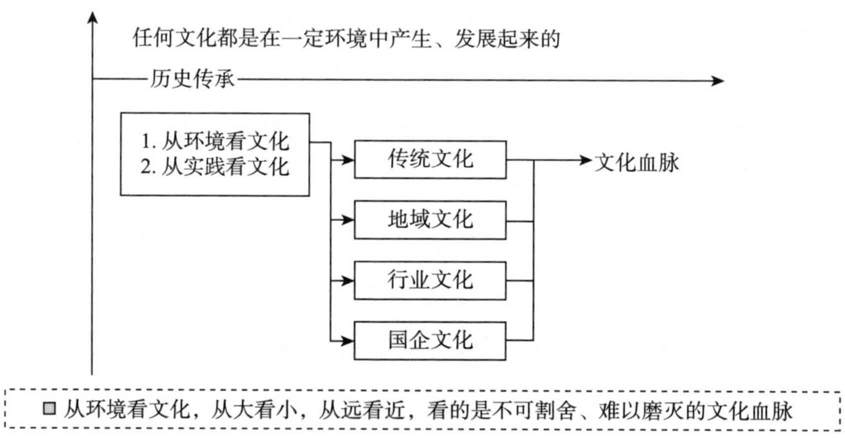

图9－3　从环境影响因素看文化

（2）从价值实践看企业文化积淀，探寻推动企业发展的关键导线。

文化是企业价值观实践、调整、再实践的产物，在这个过程中发挥重要决定性作用的是一个个推动企业不断前进、提升的关键事件与节点。这些事件与节点是导致企业文化基因突变与形成的导线，结合文化建设的时间维度来说就是要对企业的发展历程、经营管理实践、文化管理实践等进行深入挖掘；从实践角度看企业文化，应该从“线”看到“面”，从“事”看到“理”，这里看的是企业经过，不断尝试、不断调整后的文化积淀。如图 9－4 所示。

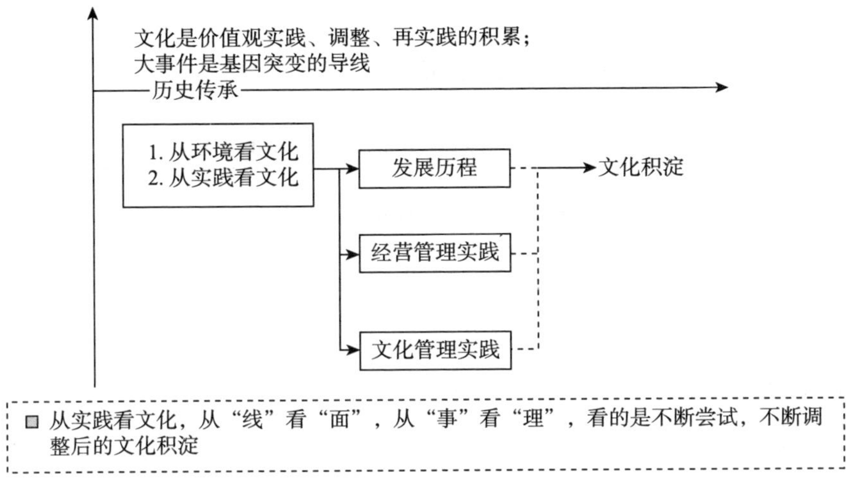

图 9－4　从价值实践看企业文化

(3) 调用成熟工具分析企业文化类型，判定企业的文化特征。

作为吸收借鉴业内成熟企业管理思想与模型工具而形成的本套模型，从其实质与其说是一个企业文化建设的工具，更应该属于一套进行企业文化工作的思想方法。这套思想方法的要义就是在分析思考企业文化建设的相关问题时，应该以周密全面的眼光与切入点来研究企业的文化特征；而在具体实施时，能够根据工作任务与目标的需要，灵活调用各种成熟的文化建设模型与工具，更快、更精准、更有效率地完成任务。如图 9－5 所示。

因此，“三世五行”模型在进行诸如判断企业的文化特征这类工作时，完全可以借鉴调用目前已经成熟的分析模型工具，比如双 S 立体文化模型，就是一套非常适合的工具，对于判断确定企业文化类型十分有

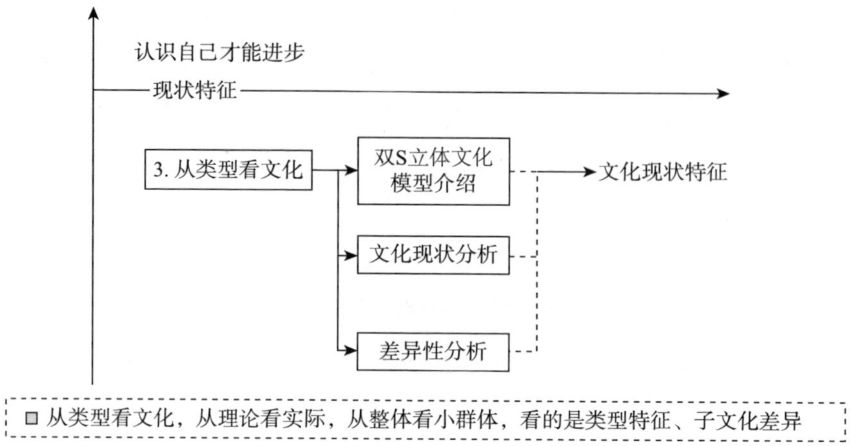

图 9－5　从类型看企业文化

效。用“三世五行”看企业文化特征，应该从企业管理的理论看到文化建设的实际效果，从企业组织所处的文化大整体环境看到作为社会组成部分的企业小群体，这里看的是企业文化的类型特征与所属大文化环境的子文化差异。

（4）借鉴同业同型优秀企业的成功典范，总结成功企业共有的文化要素。

对于具备明确的社会属性的企业组织来说，在其成长发展的大轨迹上，处在同一领域行业内的企业或者组织的组成结构、经营环境、经营理念及相关的影响因素都是相似的，而在这些相似的大环境中取得成功的企业，在同业中无疑是十分值得借鉴的标杆。因此，“三世五行”分析模型将分析借鉴企业所属同行同业企业的成功因素，作为实施企业文化建设工作的重要组成部分，以提炼总结企业所在行业的文化成功因子，供本企业参考、调用。如图 9－6 所示。

（5）从战略分析看未来企业成功的文化要求。

企业的既定战略代表了对未来发展的目标与规划，是企业对自身在未来一定周期内的经营策略与行为准则，决定了企业未来发展的走向。企业文化与企业战略之间是相辅相成的关系，企业在时间维度上所累积

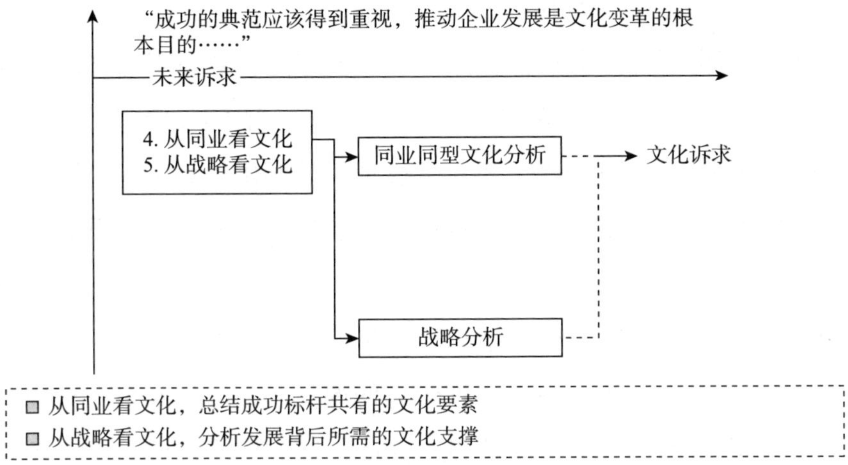

图 9－6　同业同型文化分析

的文化特征促进了企业个性特征的形成，也直接影响企业战略的制定，是企业战略形成的支撑。而空间维度上企业现阶段的既定战略，则会在很大程度上影响企业文化的走向与发展，当企业在重新审视企业的文化建设情况时，对于企业的战略应该以辩证发展的眼光去判断企业文化与企业战略是否匹配，是否能够满足企业未来走向成功的要求。从战略角度上审视企业文化，直接决定了企业文化建设工作的层次高度，有助于企业文化变革的顺利实施。

第四节　模型应用：关注模型要领，助力企业文化治理

用“三世五行”分析模型推进企业文化建设工作实施时，如下要领值得关注：

（1）对于企业文化的分析诊断重在确定当前文化中的“优、劣元素”的构成，正如前面所说，“三世五行”分析模型仅仅是提供了一个较为全面、便捷的思想方法和工作思路，其能够顺利实施的重点还是要依靠企业文化的工作人员能够精准地找到企业文化的“扬弃”点，并

对其进行合理的加工与利用。

（2）“三世五行”分析模型作为一个全方位、多角度的文化建设模型工具，在进行文化分析的过程中应该根据项目的实际情况，对模型的各组成部分进行合理的增减，不可呆板地机械调用与套用。如果企业成立的历史较短，则对其发展历程的研究就应该一带而过，着重对客户管理实践和未来战略诉求进行分析。

（3）“三世五行”分析模型的优点在于考察范围全面、系统，但其缺点也恰恰在于过于面面俱到，很容易使得工作人员陷入繁冗的纸面工作，从而导致工作效率与质量降低。因此，在具体的分析实践中必须注意模型初始的组成构思，以及相关工作与组件的实施节奏，围绕关键要素分析论证。

水落石出显真相

“本次调查主要采用问卷调查及访问的形式，通过两种形式对公司组织文化进行调查和分析。”郑晓龙对本次的调查结果做着汇报。

“第一，问卷调查。为了统计数据能够更加准确和具有代表性，咨询团队特选取了学术部、创新业务部、IT 技术部、直营业务中心四个业务部门和财务管理中心、人力资源管理中心两个职能部门，共投放问卷 450 份，回收有效问卷 420 份，其中职能部门 100 份、业务部门 320 份，占总问卷量的 93.3%，有效问卷的答卷人员涉及不同分公司的普通员工、各部门中层正职以上及高级管理层，覆盖面广，可以代表本次问卷的调查样本。

“第二，访问调查。对公司的领导班子成员高级管理层、部分部门中层正职人员进行了面对面的访谈，同时也邀请了在公司工作不同时间段、不同分公司的同事沟通了企业文化的感受。

“现有的企业文化形成是一个综合因素作用的结果，这些因素包括领导者的风格、全员的心态、管理体系、沉淀的优秀文化、公司目前战略发展阶段，当然也会受到公司所在的外部环境的影响，比如地域特征、经营环境、行业特征等。我们要调整现有文化中的劣势，就要对症下药、有的放矢。下面我为大家一一分析我们的发现：

“首先，我们站在现在看过去。主要从两个维度来了解企业文化形成的历史背景。

“从环境看文化：包括传统文化、地域文化、行业文化、民企文化。

“一是传统文化。我们国家一直传承儒释道文化，讲究包容、和谐。但也造成了因循守旧、人情世故、回避矛盾等。

“二是地域文化。鸣鹿英语的总部在北京，但在上海、广州、深圳、石家庄等地都有分公司，各个地方的风土人情差异较大，导致集团不同分公司的亚文化差异较大。

“三是行业文化。英语教育在我国普及，已经形成了一定的模式和系统，从最初的应试教育逐渐向语言应用转型。积累了很多敢拼敢闯、敢为人先、服务意识强等优秀行业文化，但是也有一些重销售、轻管理等负面文化的积淀。

“四是民企文化。通过企业类型分为外企、国有企业、民企三种，相较而言，民企的创业者文化、危机感强、创新意识强等方面有很不错的表现，但是在员工凝聚力、主体意识等方面有一些不尽如人意的地方。

“从实践看文化：包括发展历程积淀、经营管理实践、文化管理实践。

“一是发展历程积淀。鸣鹿英语发展了15年，从商场一个只有4间小教室的公司发展到现在全国有30万学员的公司，靠的是员工的使命感、艰苦奋斗、不断创新、学习意识、竞争意识等，同时领导层也能够务实勤奋、以身作则，这是我们不可丢失的宝贵精神。

“二是经营管理实践。历经15年，鸣鹿英语在战略管理、集团管控、组织架构管理、业务管理、职能管理等方面积累了相当丰富的经验。我们应该传承和发扬的精神包括绩效导向、危机意识、求真务实、专业意识、持续改进等，但要摒弃管理流于形式、消极被动、争功诿过等不良作风。

“三是文化管理实践。鸣鹿英语管理层一直以来都很重视企业文化建设，在管理层不断推动和刻意地追求下培养起来很多优秀的员工、以身作则的管理者，能够起到很好的榜样作用，也为未来企业文化管理奠定了良好的基础。”郑晓龙对报告内容一一解读。

“其次，我们站在现在看现在，通过文化类型来了解企业文化特点。经过问卷调查和访谈，我们提炼出公司的企业文化类型是共有型文化，并且主流文化深入人心，没有特别突出的差异性子文化存在。这个类型的文化特点是和谐融洽、目标明确，但是唯上盲从、创新意识较差。

“最后，我们站在现在看未来。通过同业同型、企业战略看文化，分析未来企业文化建设的重点和发扬的方向。

“从同行看文化。国内外成功企业在发展的道路上有很多值得借鉴的优秀文化元素，我们可以从中学习。国外优秀同业文化元素有勇于变革、双赢、价值创造，国内优秀同业文化元素有责任、敬业奉献、创新、诚信，国内其他先进企业文化元素有市场导向、合作多赢、成就他人等。由此可见，我们要在企业文化中着重培养发扬责任、创新、利他心理等。

“从战略看文化。鸣鹿英语未来的战略是希望成就学员，希望能够建设教育共同体，所以我们的战略要求文化中要有开放包容、客户意识、创新等内容。”项目经理郑晓龙对本次的调查做了详细的解读。

多管齐下解千愁

“根据调查报告，我们提出以下治理建议：

“鸣鹿英语企业文化应该继续发扬的积极要素，包括从历史行为中传承到现在的奋斗、务实、诚实等精神要素，现在企业文化特点中拥有的目标明确、强调执行等行为要素。

“鸣鹿英语企业文化应该摒弃的消极元素，包括从过去形成并流传到现在的保守、小富即安等，现在团队呈现的唯上盲从、创新意识较差等。

“鸣鹿英语企业文化应该吸收强化的先进文化要素，包括价值创造、市场导向、合作多赢、多元包容等。”项目经理郑晓龙做完企业文化诊断后，给出相应的建议。

“你觉得治理的过程是咨询公司协助落地效果好，还是我们公司内部落地比较好？”张敏提问。

“两者各有优劣势，咨询公司协助会更客观、更理性，但费用较高，公司自己做会节省成本、更柔性，但也有可能越做越变形，最后效果不尽如人意。”郑晓龙坦言。

“我们还是选择咨询团队帮我们落地，这次调研结果非常珍贵，一定要根据结果完成企业文化改革的工作，不能有任何闪失！”张敏坚定地道出自己的想法。

“好，我们一定竭力而为！”郑晓龙被感染了。

刚开完一天的会议，张敏长叹一口气，这一年多来鸣鹿英语经历了风风雨雨，而在那次企业文化诊断以后，整体治理手段多管齐下，公司目前推进创新类型的工作比较容易。在任的CHO也对公司的发展趋势持乐观态度，助力张敏更好地完成创新工作转型。咨询师感受到这种转变，欣喜之余也更加深切地体会到了民族特色模型的本土化优势，更加热情地投入转型落地工作。

中国这一拥有五千年文化积淀的泱泱大国，只有立足传统文化的沃土，才能形成自己的企业文化理论体系，才能助力更多的民族企业走向世界，获得更大的成功。本章所讲的“三世五行”分析模型，虽然深受企业的欢迎，但不可否认还有诸多不成熟的地方，希望借由此书获得更多业界人士的关注，集众人之智，使其更加成熟完善，助力企业文化理论体系的本土化创新。

附录　优秀传统文化对企业文化建设的影响

中国传统文化是中华民族历经几千年创造的，被中华儿女传承和发展的文化，具有鲜明的中华文明特色，既具有相对的稳定性，又可以因时而变、与时俱进，不断创新和发展。中国传统文化因其具有源远流长、博大精深、追求和谐、崇尚和美、有容乃大的主要特征，在经济发展、道德提升、教育传承、和谐社会构建等方面发挥着重要作用。

在企业文化建设进程中，企业人的理想人格塑造是企业文化建设的核心。如何用企业文化影响人、凝聚人，已成为企业文化核心需要解决的重要问题。而传承下来的以儒释道为代表的传统文化，其实在方方面面都对如今的企业文化有着潜移默化的影响，同时儒释道宣扬的部分内容也对企业文化建设有很大的参考意义。

第一节　儒学：八目三纲、三立

儒学是我国传统文化的主流，了解了儒学，也就对中国传统文化有了深入的认识，就能明白为什么儒学对企业文化有重要意义。

一、儒家的理想：八目三纲

儒家有“八目三纲”。八目分别是：格物、致知、诚意、正心、修身、齐家、治国、平天下。什么叫三纲呢？“大学之道，在明明德，在亲民，在止于至善。”这个就叫三纲。（《大学》）

“亲民”就是我们的心和人民是连在一起的，你中有我，我中有你。就像所有的动物、植物离不开大地一样。

对企业来说，表面上在做产品，实际上真正耕耘企业的是消费者。离开消费者，企业所有的产品都是空中楼阁。而如何面对消费者，是以客户为先还是自身利益为先，就需要将儒家精神写入具体企业文化中。

二、儒家的人生目标：三立

儒家的人生目标是什么？三立。不管是企业还是个人都可以把"三立"作为参照物。"八目三纲"和"三立"，它是可以成为人生坐标的。

所谓"三立"，就是立德、立功、立言。

立德：企业的资源再多，现金流再多，产品包装再漂亮，但是所做的对社会无利，就是没有意义的。所以，古人把立德放在生命的原点。

立功：立功是需要平台的。人人都可以立德，但不是人人都可以立功。立功是需要有社会条件的。如果不打仗没有平台，你想立功是不行的。立功体现了你的实力。

立功是需要社会条件的，不是每一个人都有立功的机会。反过来讲，每一个人、每一家企业都有立德的必要。

立言：为什么把立言放在最后？

孔子讲："述而不著。""述"就是陈述。连孔子这样的圣人都"述而不"，他不自己写一本书给大家看，为什么？他觉得从"三皇五帝"一直到夏商周的那些原始的文献，已经把天地人的实相和真理讲得清清楚楚。学都学不完，哪里会需要一个思想去立言呢？

立言，不但需要掌握事物的规律，而且要有丰富的经验，有思想的领悟，要启发一个时代，才是能够立言的。

企业的知识积累、企业的产品、企业的资源、企业的管理都是硬件。企业也是有软件的，软件是什么呢？这个软件就是人。所谓管理，就是管人——人学，也就是现在管理说的人力资源。

人力资源的核心就是心学。得人心者得天下。如果一个企业，不得消费者的心，不得用户的心，不得内部员工的心，那么这个企业的每个人都是割裂的，能是一个好企业吗？人和人在一起是心在一起。从构建一个家庭到构建一个有战斗力的团队，再到一个有凝聚力的组织，只有心通了，理才通，理通了，气才顺，大家在一起做事才能持久。

所以，企业的软件是人学，人学的核心是心学，心学的核心是道学。

企业家要有产品，要有税收，要有管理，要有人性的关怀，对国家要有贡献，要有担当。

大的企业家，比如稻盛和夫、松下幸之助等，对于社会和国家的那种担当……大多数人只能算是有钱人、老板。真的要成为企业家，还需要一些内在的情怀。

如果读者对这方面感兴趣，可以读一读这些书籍：《论语》《大学》《中庸》《礼记》《春秋》。

当务之急，面对企业，应该读《中庸》。如果对于《中庸》有了非常深的理解，你就会发现《中庸》里有一个核心思想："诚"。

中庸讲的"诚"，绝对不是我们现在告诉客户的"我对你讲诚信"。中庸里讲的"诚"有更深层次的含义。

《中庸》里头讲的"诚"，是认为人生在天地之间，天地对人是不薄的，它对人是"诚"的，一年四季从来不差日子。人作为天地之间的一个灵物，也应该是"诚"的。所以，"诚者自明也""诚者自成也""诚者天之道也"。

做人是真诚的，产品是真诚的，老板对员工是真诚的，员工对消费者是真诚的，这个企业就能够成功。

由此可见，企业家内心的成长和修炼，就如同一棵树的树根。如果树根根系牢固，不管外界如何风吹雨打，树木都不会腐朽。如果树根腐朽了，枝叶再怎么茁壮，繁华都是暂时的。

如果要按照儒家的路线去建设自己的企业文化，就一定要研读《论语》,《论语》是一种个人修养。《大学》讲的是一种天道，“大学之道，在明明德，在亲民，在止于至善”。

《中庸》讲的是“中庸之道”。不管是对待自己的身心，对待自己和别人，对待主观世界和客观世界，还是对待企业和客户，都要“中庸”。反过来念就叫“用中”。

“中”是什么？“中”就是射箭射到靶心。河南人叫“中”。它的第二个意思就是“和”。就像骑自行车，左拐右拐都能够不倒。

如果要学儒家，对中庸之道要深深地思考，要反复温习，并且敢于把它运用到生命和工作的实践，这样才能长治久安。

第二节　佛教：戒、定、慧

儒释道中，“释”是佛教创始人释迦牟尼的简称，后泛指佛教。佛教是外来宗教，佛教产生于印度，我国对印度的了解主要始于西汉，汉武帝派张骞出使西域，从而正式开辟了中印民族往来的历史。对于企业文化来讲，佛教中有三项修行异常重要。

一、戒

“戒”，戒贪、戒色、戒骄、戒傲。你戒得越多，你的根就扎得越深。

由于现在社会信息很灵通，人们很少画出自己的生存边界。

这个“戒”的另一个词就是“界”。这两个词是同音同意的，有“戒”就有“边界”。

企业的规章制度就是边界，都是非常通俗的道理。

当企业成功了，当企业的事业做大了，当企业功成名就的时候，一定要“戒”字当头。如果不戒，就会全军覆没。

二、定

一个企业没有超人的定力，这事能办成吗？一有风吹草动，企业就偃旗息鼓了。碰到一点钉子，企业就卷刃了，企业是不可能成功的。成功的企业都有甚深的定力，百折不挠，风吹雨打不动摇。

三、慧

在讲到智慧的时候，佛教的智慧分十二大类。面对今天的世界，我们常用的智慧是四类：文字的智慧、观照的智慧、实相的智慧、方便的智慧。

1. 文字的智慧

除了专业知识，多读圣贤书——文字的智慧。对于企业来讲，现代人时刻都受到新事物、新消息的冲击，如果一家企业的文化里不鼓励创新、终身学习，组织会随着发展变得死气沉沉、业务陈旧，所以要发挥文字的智慧，与新事物接轨，打造学习型、共享型组织文化。

2. 观照的智慧

一个企业时刻要处于自我觉醒状态，像一面镜子，不要被污染，这叫观照的智慧。这个观照不是往外照，而是往内照。

孔夫子讲："事有不达者反求诸己。"你托人办事，想干成一件事情，如果干不成，你要"反求诸己"。做人做事哪个地方不地道？态度不对还是方法不对？只要你的态度是对的，方法是对的，就一定能够办成。

"反求诸己"，佛教把这个叫观照的智慧。

3. 实相的智慧

简而言之，就是开悟、悟道。悟道的人，心像虚空、像海洋、像日月、像镜子、像泉水……包纳万物而不被万物迷惑。就像道，它在万物中，但它又不是万物。所以，悟道对中国人非常重要。

很多优秀的哲学家、思想家、企业家，想的和做的几乎接近于道。所以，把道悟透了，悟到了实相，就叫开悟。一生中是要经过拜师学艺、观察思考、勤苦修炼，才能够达到这种状态。

4. 方便的智慧

盖了房子要留门窗。一个企业虽然有规章制度，但是要人性化，要有弹性。制度是人定的，在执行制度的时候要有弹性。进了胡同要学会拐弯，就像水在河里流不是一条直线，它是拐着弯的。但是它的目标没有放弃，它永远流向大海。

一个企业家面对国家的资源，面对社会的资源，面对国家的政策，面对消费者的要求，目标不改变，但是要有弹性。

佛教有“我执”“法执”，已知的知识障碍了自己学习新的知识。

中国的大儒王船山讲的“实学”，他认为所有的书本知识和理论知识，最终是要用到实践中才是真知识，不能够用到实践中的知识都是伪知识、假知识。

如果企业不实事求是，脑子里固有的认识和成见，会让企业对现实发生的变化漠视、看不见，此时成功就不是一件易事了。

“企业要有信仰，企业要有文化”，其实就是一种法宝。企业必须有自己的法宝。

佛教说：“勤修戒定慧，熄灭贪嗔痴。”这是对修行人提出的一种要求，是一种心性上的要求。做企业文化的时候，把这些知识、内容都要做一个变通。

第三节　道家：问道、求道、证道

道家比儒家的历史更悠久。过去叫道家、道学，后来演变成道教。它宣扬和传播的主张，也有借鉴意义。

一、道家的三个核心主张

1. “抱朴”

水是柔的，流遍天下。

不管是成功和失败都要朴。“朴”是什么？可以说是朴素，但更多的是不要嚣张，不要狂妄，不要高调。

“抱朴”，企业不可能永远都受到其他人的赞誉，企业也不可能每个月都有好的产品问世，企业也不可能永远都处在头部位置。做企业也好，做人也好，都要认清自己的位置，明白在浩瀚宇宙中，最终都要归于尘埃，所以要“抱朴”。

在《道德经》中，“朴”是小，是微尘。地球很大，它是由无数的微尘构成的。

一个强大的企业，也是由一分钱一分钱、一个产品一个产品、一个员工一个员工组织起来的。就像蚂蚁团队，一只蚂蚁的力量是很小的，一大群蚂蚁就构成了一个强大的组织团队。

2. 尊道贵德

企业由人组成，人为万物之灵，只有尊道贵德，才能天长地久。

什么是遵道贵德呢？遵道，就是指尊重事物生命周期所经历的发展、变化、运动等从生到死的运行规律。贵德，这里的德可以理解为万物的“本性”。落实到人身上，就是人之德。

做企业，就是要遵循基本客观规律，比如企业的发展与自然环境发展相辅相成，与顺应人性相辅相成。如果非要做对自然环境有害的业务，非要忽视人的基本睡眠、自我实现的需要，这样的企业注定走不长远。

3. 一曰慈，二曰俭，三曰不敢为天下先

《道德经》中，第六十七章讲道：“我有三宝，持而宝之：一曰慈，二曰俭，三曰不敢为天下先。”如果企业可以好好品悟琢磨这些话，悟透以后，不但蒸蒸日上，而且可以长治久安。

慈，慈爱，仁爱；俭，节俭，朴实，实事求是；不敢为天下先，故能成器长。慈爱所以能勇武；节俭所以能宽广；不敢处在众人之前头，所以能成为万物的尊长。

慈与俭很好理解，此处不再赘述。不敢为天下先对于企业有借鉴意义。老子说："不敢为天下先，故能成器长。"古往今来，凡是能成就大事者，伟大的企业，都是先静观其变在水到渠成之时才果敢地行动。争先者，虽然极其聪明，但耐不住寂寞，在事情成形成势之前就盲目行动，导致头破血流。"不敢为天下先"绝不能狭隘地认为是"枪打出头鸟"，而是做事情要审时度势，要有耐心。"天之道，不争而善胜，不争而自来。"

道教的核心主张清晰了，如果用道教文化管理企业，具体怎么落实呢？就是要通过问道、求道、证道这三个步骤。

二、问道、求道、证道思想

1. 问道

什么是道？道的内涵和外延是什么？

古代人向我们树立了什么样的人生标的？构建了一个什么样的美好国度？我们要在道里去寻找，要明白道。

对于企业来讲，就是提出问题，从组织内部进行思考的过程。

2. 求道

问道以后要求道。请咨询机构，请外部知名乙方，或者企业管理者看相应的书籍寻求解决问题的方法，整个过程都是求道的过程。

"求"就是求证。写在书上的，毕竟是理论知识，要经过求证。

自然之道，一个是养生，一个是环保，甚至包括管理企业，你都要很好地对古人的智慧进行吸收消化。

3. 证道

最后的阶段叫证道。

有的企业能够长久经营，有的企业只能维持 10 年、20 年，有的企业能维持 100 年，那一定是有道的企业。虽然这样的企业没有到处宣扬管理经验，但是这样的企业一定不是与自然发展规律相悖的企业，也一定不是唯利是图的企业，这样的企业一定是符合道的。

稻盛和夫在日本创立“第二电信（KDDI 公司）”的时候，由于电电公社（NTT）的市场垄断，电子通信费用居高不下。于是，他有一个想法——要努力降低通信费用，减轻国民在通信费用上的负担。这就是慈悲，当你慈悲利他的时候，你的收获自然是多的，因为在商业社会没有人会白用你的东西。后来他为了让日本人用上高性能陶瓷创立了“京瓷”，瓷器有个致命的弱点——容易碎，他的科研团队研究很久没有解决这个问题，在苦思冥想的时候，稻盛和夫说：“你们还不如去洗个澡，睡个好觉，祈祷一下，看能不能给你灵感。”

结果有一个人获得了灵感，在陶瓷里加入一种金属元素，创造出了比平常瓷器更结实耐用的产品。

这是告诉我们很多灵感和创新发明，功夫并不在企业本身，可能是在文化里，可能是在信仰里，可能是在消费者那里，并不只限于企业本身。触类旁通，功夫在诗外，说的都是这个道理。

总而言之，一个人要健康长寿，一个企业要成为百年企业，必须要有自己的养生法宝，而这些法宝往往都在道家的经典里。

第四节　本土企业文化建设模型

前面重要性讲了这么多，有没有好的方法论对日常企业文化建设进行指导呢？当然，企业文化的本质是建立起能够影响成员的思维模式的内容及教化方式。基于此，我们完全可以从五千年的中华文明中汲取养分及数据，建立起本土的企业文化建设模型。例如：

佛家：三学、六度、四次第。

儒家：礼、义、仁、智、信。

兵家：智、信、严、勇、仁。

佛家的文化建设的框架示例如图所示。

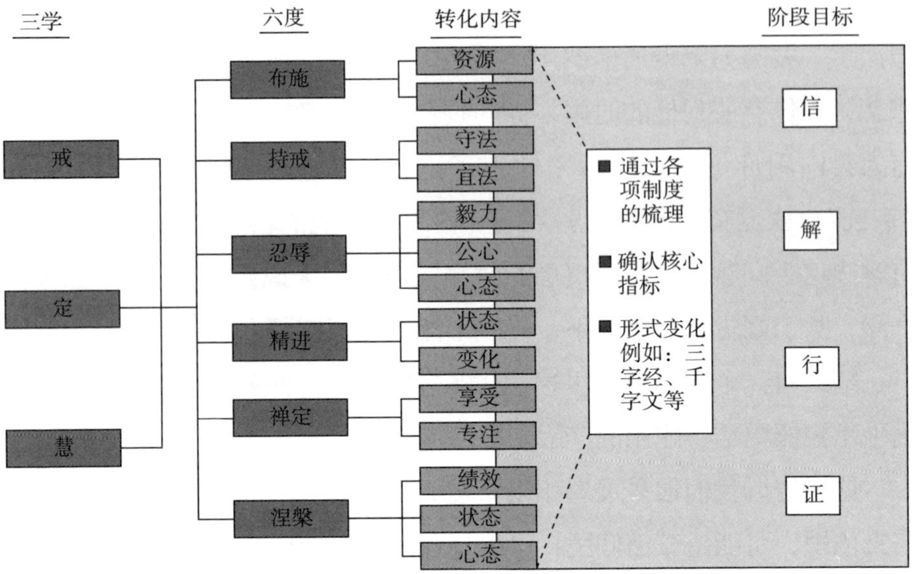

佛家的文化建设的框架示例

三学：三学是佛家修习的三类重点，方便语的理解是持戒可入定，久定可生慧，在文化管理中可以把持戒理解为守规矩，除了行为不违反规定，更要从内心愿意遵照执行；定可以理解为喜欢、专注本职工作，不受外界干扰；慧是结果，长期处于“定”的状态，一定会成为组织里最智慧的成员，当然也是最受益的成员。

六度：是佛家三学的细化，也是成为组织中高度认可企业文化的必经之路，布施有奉献之意，通过此环节的实施，可以看到成员的品德和公心；持戒还是守规矩，要做到对制度的敬畏；忍辱很难做到，在受了委屈之后，是继续努力工作还是抱怨、跳槽，是测量成员的胸怀及格局的工具；精进是努力工作的程度。例如海尔的 OEC 模式可以算是精进、禅定，凡是能过了上面的四度考量的，基本上是金刚不坏之身，除了会超然无我地勤奋工作，很可能已经享受目前的工作状态了，于是很自然地进入最后阶段——涅槃。这可不是死的概念，而是脱胎换骨，成为组织优秀的、有担当的重要一员。

转化内容：就是把三学六度的理念转化为可以测量的操作标准及实施细则。

阶段目标：信、解、行、证是文化管理的四个阶段。信就是相信，不是阳奉阴违，而是真心相信；解就是理解；行就是践行，知行合一；证就是通过自己的努力，能够达到企业文化的要求，并获得各种收益。

以上管理思路及管理方法在企业实践中取得了良好的效果，文化管理并不“软弱”，完全可以很规范、很清晰、很有层次地“强硬”起来，做企业是在做人，管企业是在管心！

传统文化不是过时了，更不是封建迷信，它对于我们的心身建设、家庭建设和企业建设是有借鉴意义的。笔者认为，只要去粗取精、去伪存真然后加以吸收利用，就一定能使企业向着健康良性的方向发展。

综上所述，任何一种文化模式都是优秀文化的传承和延续，企业文化也不例外。世界上大凡有生命力的管理思想，都是基于本土文化，企业文化也是如此，希望大家能够在五千年中国传统文化中汲取养分，以“传承”之心，上下求索，助力更多的中国企业问鼎全球。笔者谨以此书为企业文化的本土化持续创新贡献自己的一份绵薄之力。

老板·创业			
一、经理人			
书名	内容	书名	内容
老总有想法，高层有干法 王清华　著	企业将、帅之间的定位问题、角色问题、方法问题、思维问题、管理问题等	**历史深处的管理智慧1：组织建设与用人之道** 刘文瑞　著	通过历史鉴照当今企业选人用人、二代接班人、创业团队管理等问题
历史深处的管理智慧2：战略决策与经营运作 刘文瑞　著	通过历史鉴照当今企业决策、战略规划、战略冒进、决策监督等问题	**历史深处的管理智慧3：领导修炼与文化素养** 刘文瑞　著	通过历史鉴照当今企业的领导修养、用权、管理风格等问题
老板经理人双赢之道 陈明　著	经理人怎么选平台、怎么开局，老板怎样选/育/用/留		
二、用人			
用好骨干员工 王敏　著	系统化分享关键人才打造与激励方法	**领导这样点燃你的下属** 孟广桥　著	领导者如何才能让员工积极主动地工作
让用人回归简单 宋新宇　著	帮助管理者抓住用人的要害，让用人变得简单	**激活新生代员工** 史量　孙斌　著	走进新生代的世界，一套行之有效的管理、激活90后、95后、00后的方法
三、转型·创业			
创业要过哪些坎 董坤　著	15年创业咨询经验总结的创业遇到的问题及办法	**高潜牛人** 董坤　著	创业和事业发展中如何找到牛人
成为下一个SaaS独角兽 崔牛会　主编	19位SaaS领专家，7个不同的视角总结SaaS行业实践	**创模式：23个行业创新案例** 段传敏　著	CEO社群23位企业家的思考与实践分享
重牛——中国企业的战略转型 施炜　著	本书对中国企业战略转型的方向、路径及策略性举措提出了建议和意见	**7个转变，让公司3年胜出** 李蓓　著	企业估值、业务模式、营销、生产制造、客户服务、用户黏性、组织管理7个转变
企业二次创业成功路线图 夏惊鸣　著	五步骤给出了一幅企业二次创业经营突破、管理提升的成功路线图	**跟老板“偷师”学创业** 吴江萍　余晓雷　著	如何通过“偷师”学习与积累当老板的阅历
公司由小到大要过哪些坎 卢强　著	企业成长路线图，现在我在哪儿、未来还要走哪些路都清楚了	**跳出同质思维，从跟随到领先** 郭剑　著	66个精彩案例剖析，帮助老板突破行业长期思维惯性
极速增长：企业扩张策略 董坤　著	以“8shoes扩张法则”为思考框架，帮助处于这个阶段的创业公司及以创业公司形式孵化的变革型项目做出清晰的战略选择		

企业经营			
经营打造你的盈利系统 高可为　著	选择最有效的经营策略，打造属于自己的商业模式	**中国企业的觉醒** 王涛　著	企业告别自私、野蛮，转向善良、爱，才会赢得消费者
成为敏感而体贴的公司 王涛　著	未来有竞争力的企业，一定是那些敏感而体贴的公司	**有意识的思考** 王涛　著	对头脑中固有观念保持觉察，从而超越它们的局限
简单思考 孔祥云　著	著名咨询公司（AMT）CEO创业历程中的经验与思考	**写给企业家的公司与家庭财务规划** 周荣辉　著	以企业的发展周期为主线，介绍各阶段企业与企业主家庭的财务规划

续表

书名	内容	书名	内容
从10亿到100亿的企业顶层设计 刘建兆　著	重新定义企业成长方式，有效益、有效率、有效能、有效果、有品质的良性成长	**企业融资：投资人没告诉你的那些事** 杨军　著	资深投资人揭示融资“潜规则”，让企业有的放矢
宗：一位制造业企业家的思考 刘建兆　著	发展20年营业额近亿元制造业企业家的思考与心得	**使命：驱动企业成长** 高可为　著	用大企业发展轨迹及企业家的心路历程，揭示企业成长的基因、做事的逻辑
让经营回归简单 宋新宇　著	战略、客户、产品、员工、成长、经营者的经营法则	**边干边学做老板** 黄中强　著	86个案例讲述中小公司成长过程中遇到的问题和方法
盈利原本就这么简单 高可为　著	跨越业务与财务边界，为企业提高盈利水平提供方法	**战略参谋：写出管用的战略报告** 蔡春华　著	企业对自己、市场、行业其实了解更深，助你高质量完成战略规划
不战全胜：给企业家读的孙子兵法 王吉坤　杨伟霞　著	从《孙子兵法》提炼和总结了帮助企业打造行业龙头品牌的体系	**公司离不开的全栈运营高手：产品运营与推广获客** 王虎　著	涉及运营案例、思维理论、实操复盘、管理方式、推广策略等，是作者八年运营推广经验的浓缩
公域引流　私域经营：这样经营用户关系 王庆云　汪洋　著	为大中型企业提供私域建设的顶层和全景式框架，探索不同业务特性可能适配的不同私域模式	**平台生态：价值创造与价值获取** 彭毫　罗珉　著	厂商之间的竞争已经从产品转到平台，如何创造新的价值创造和获取模式，是企业最想得到的答案
合伙制经营：有效激励，而不丧失控制权 胡八一　著	重点阐述实施合伙制的流程，通过四步为企业家提供一种有效激励而不丧失控制权的工具和方法	**机制创造人才** 彭剑锋　尚艳玲　著	华夏基石专家团著作，为个体赋能，经营人成就人，进行机制创新和价值管理
管理·管理学			
一、企业管理			
让管理回归简单 宋新宇　著	从目标、组织、决策、授权、人才、老板自己等提供方案	**管理的尺度** 刘文瑞　著	西医式的体检化验，又要施加中医式的望闻问切
管理：以规则驾驭人性 王春强　著	人性驾驭角度权度运筹安排的可兑现性，管理有效性	**看电影，学管理** 刘文瑞　著	十六部电影的解读，揭示电影内含的管理之道
好管理　靠修行 曾伟　著	从佛法、道法思想中寻找管理智慧	**公司大了，怎么管** 金国华　著	成长型企业发展中的共性问题，通过案例实录解开
低效会议怎么改 王玉荣　葛新红　著	从梳理公司会议体系的层面改变低效会议的现状	**年初订计划年尾有结果** 郭晓　著	总结七步落地方案让战略计划切实落地实现
分股合心 段磊　周剑　著	围绕股权激励，详细介绍相关知识和实行方法	**员工心理学超级漫画版** 邢雷　著	以漫画形式对组织中个体心理的全面介绍和深入探讨
让投诉客户满意离开 孟广桥　著	投诉法律法规，应对各种投诉技巧等提升客诉能力	**管理就是定计划，抓落实** 张国祥　著	员工“看了就会、拿来就用”的计划制订操作指南
不读韩非子，怎么当老板 王春强　著	通过集中分析有关人性的内容，引导现代管理者更深理解人性是如何影响企业运行，以及管理者应如何因人性而实施管理	**重新想象组织** 彭剑锋　尚艳玲　著	华夏基石专家团著作，通过组织变革逐步进化，找到成长之道，让企业可持续发展

续表

书名	内容	书名	内容
战略管理有方法 和恒咨询　著	结合中国企业实践总结的一套独创性、实操性的战略方法，100+工具轻松做战略	**高管如何为公司创造高增长** 彭剑锋　尚艳玲　主编	战略驱动着企业成长，企业又该如何突破增长的瓶颈
供应链管理改善咨询：案例·方法·工具 于晓光　许忠宁　赵玭　著	掌握供应链改善结构化方法，实现准时交付和低运营成本		
二、管理思想			
管理学的奠基者 刘文瑞　著	近代以来的管理思想发展揭示管理思想的演化奥秘	**巴纳德组织理论研读** 郭威　著	深度研读巴纳德《经理人员的职能》，帮你理解和看懂
管理学在中国 刘文瑞　著	科学看待管理学流入中国，对继承发展进行深入的阐述	**德鲁克管理学** 张远凤　著	以德鲁克管理思想发展为线展示20世纪管理学的发展
德鲁克与他的论敌们 罗珉　著	德鲁克与马斯洛、戴明等诸多管理大师论战的故事	**德鲁克管理思想解读** 罗珉　著	全面解构德鲁克思想的精髓与实践价值
治论：中国古代管理思想 张再林　著	深入分析中国古代哲学基本精神的基础上，梳理分析了儒法墨三家的管理思想	**流程经理10年案例笔记** 王焕东　著	用自身工作和生活中的鲜活案例及思考后的心得呈现不一样的流程管理思想
透过决策看组织 李慧才　著	对西蒙管理行为进行贴近企业的通俗化解析和阐释	**为什么高管爱读德鲁克** 王鹏　著	辅助深读德鲁克、提升管理认知
营销·销售			
一、企业销售			
大客户销售这样说这样做 陆和平　著	大客户销售活动的十大模块，68个典型销售场景	**向高层销售** 贺兵一　著	销售人员与客户高层打交道需要重点掌握的知识、技巧
资深大客户经理 叶敦明　著	将大客户经理必须具备的规划、策略、执行三种能力运用自如	**成为资深的销售经理** 陆和平　著	让销售经理成功把握销售管理的6个关键点，并提供工具
销售是个专业活 陆和平　著	据客户采购流程拆分销售过程十阶段，讲解方法技巧	**学话术　卖产品** 张小虎　著	手机、电动车、家电、食品等消费品的一线销售话术
工程项目大客户销售攻略 陆和平　著	三十八讲循序渐进，全方位透视工程大项目拿单的奥秘，通俗易懂，看了就能用	**大客户销售谈判：获得利润的最快途径** 陆和平　著	从不会谈判到成为谈判专家，帮助你在与大客户的谈判中轻松说服对方，实现从一次成交、成本价成交到高价成交、持续成交的转变
二、企业营销			
新营销组织力 迪智成　著	适应最新数字化外部环境，系统化协同组织能力建设	**营销按钮** 老苗　著	讲述存在于人性及各个营销环节中的“按钮”
精品营销战略 杜建君　著	“精品营销战略”核心逻辑与营销组合策略	**360°谈营销** 王清华　古怀亮　著	营销是立体的，从不同角度观察不同企业的营销精髓
互联网精准营销 蒋军　著	互联网时代整体策划、包装品牌和产品	**招招见销量的营销常识** 刘文新　著	做好基本的营销动作都可以提高销量、降低成本

续表

书名	内容	书名	内容
用数字解放营销人 黄润霖　著	用数字说话覆盖营销工作的方方面面	**用营销计划锁定胜局** 黄润霖　著	让营销计划落地，营销人员只需解决两个问题：基数与概率
新营销2.0：从深度分销到立体连接 刘春雄　公方刚 牛恩坤　等著	立体连接打通三度空间，在互联网时代诞生快消品领域的超级巨头	**中国营销战实录** 联纵智达研究院　著	51个案例，46家企业，46万字，18年积淀
弱势品牌如何做营销 李政权　著	产品与物流通道、服务通道、促销互动通路，提供方法	**解决方案营销实战案例** 刘祖轲　著	十大工业品作者实操案例解码解决方案营销
升级你的营销组织 程绍珊　吴越舟　著	根据企业的实际情况建立有机性营销组织	**孙子兵法营销战** 刘文新　著	理解《孙子兵法》原意的同时，还可体悟到营销之用
老板如何管营销 史贤龙　著	十六个招式，理论与案例相结合，高段位营销方法	**渠道管理就这样做** 陆和平　著	渠道规划和设计、渠道成员选择和寻找、渠道谈判和签约、管理渠道日常活动、设计渠道激励政策、解决渠道冲突、渠道的评估和调整
三、品牌			
中国品牌营销十三战法 朱玉童　著	深度演绎最符合企业品牌营销策划的十三套实战战法	**中小企业如何打造区域强势品牌** 吴之　著	从如何建立强势品牌的角度解析扩张难题
小众战略：小资源打造强势品牌 吴修利　著	从品牌观念、市场调研、竞争机会、内部调整等角度，对产品、渠道、传播等核心原则进行了系统梳理	**把品牌建在顾客心里：4步实现品牌IP化** 张学军　著	让品牌自带话题，自主传播
四、营销策划			
这样写文案，就没有卖不动的产品 秦剑　刘安丽　著	术、法、道三个层面由浅至深培养商业文案创作能力	**洞察人性的营销战术** 沈坤　著	介绍了28个匪夷所思的营销怪招，大部分可以直接运用
双剑破局：沈坤营销策划案例集 沈坤　著	双剑公司8年来的实操案例，每个项目诞生过程、策划角度和方法	**社区团购就这么干：供应商•平台•团长•用户** 陈海超　杨顶刚　著	分享最新实践经验，一看就懂，照着就能做
企业案例			
鲁花：一粒花生撬动的粮油帝国 余盛　著	鲁花如何成长为优秀的带动农业产业发展的品牌，鲁花你一定学得会	**金龙鱼背后的粮油帝国** 余盛　著	以金龙鱼为脉的一部中国粮油行业的史诗
你不知道的加多宝 曲宗恺　牛玮娜　著	以时间为轴线，详细叙述了加多宝品牌的发展历程	**静水流深** 黄治国　著	作者在美的十五年对何享健内部讲话资料的整理
娃哈哈区域标杆 罗宏文　快车君 赵晓萌　寇尚伟　著	讲娃哈哈豫北市场如何成为娃哈哈全国第一大市场、全国增量第一的市场	**借力咨询：德邦成长背后的秘密** 官同良　王祥伍　著	德邦将自己积累的与咨询公司发展共赢的合作逻辑和盘托出
六个核桃凭什么从0过100亿 张学军　著	全视角深度解读养元企业的裂变成长，复盘十年蜕变轨迹	**像六个核桃一样** 王超　著	六个核桃为什么卖得这么好，产品畅销的6大要义36条简明法则

续表

书名	内容	书名	内容
中国首家未来超市 IBMG 集团　**著**	对乐城超市的掌门人及内部员工的采访详细阐释了乐城的经验	**三四线城市超市如何快速成长：解密甘雨亭** IBMG 集团　**著**	甘雨亭的许多关键经营指标均高于行业标准，学习其成功的方法
集团化企业阿米巴实战案例 初勇钢　**著**	作者在某酒厂推行阿米巴经营模式的心得		
经销商			
新经销：新零售时代教你做大商 黄润霖　**著**	探访近100位经销商在传统营销手法上的创新，传统营销微创新和新营销本地化	**商用车经销商运营实战** 杜建君　王朝阳 章晓青　**著**	对商用车经销商的经营与管理、4S店运营做了全方面的总结
跟行业老手学经销商开发与管理 黄润霖　**著**	从管理耐用消费品经销商角度提炼了48个代表性问题并给出解决办法	**快消品经销商如何快速做大** 黄润霖　**著**	经销商如何通过经营实现规模，通过管理实现规模效益
建材家居经销商实战42章经 王庆云　**著**	经营管理的心法和战法，帮助经销商成为“业务妙手”和“管理能手”	**成为最赚钱的家具建材经销商** 李治江　**著**	针对建材家居行业的经销商，从销售模式、产品、门店、市场等方面给出方法
白酒经销商的第一本书 唐江华　**著**	对经销商如何选择厂家、合作、运营品牌等问题给出建议	**快消品招商的第一本书** 刘雷　**著**	从招商理论到招商动作进行系列化分解，化繁为简
大商方法：榜样经销商与厂家的合作之道 唐道明　**著**	洞察厂商合作的核心，为经销商提供可行的方法，手把手教你做大商	**快消品经销商成功密码** 舟谱商学院　**著**	通过8个真实经销商案例，分享快消品经销商成功经验与方法
中小企业			
中小企业如何打造区域强势品牌 吴之　**著**	从如何建立强势品牌的角度解析扩张难题	**用流程解放管理者** 张国祥　**著**	8个板块构成，共66篇文章，14幅流程管理图
用流程解放管理者2 张国祥　**著**	对中小企业规范化流程管理进行系统的阐述	**弱势品牌如何做营销** 李政权　**著**	产品与物流通道、服务通道、促销互动通路提供方法
本土化人力资源管理8大思维 周剑　**著**	用最贴近中国中小企业现实管理情境的案例讲述周围人的“家事”	**中小农业企业品牌战法** 韩旭　**著**	农业企业需要全产业链视野，更需要品牌实战方法
门店管理			
门店销售冠军复制系统 王吉坤　**著**	门店型企业如何打造可复制的销售冠军系统	**新零售动作分解与实操：建材·家居·家具** 盛斌子　**著**	对泛家居行业趋势、店面管理、团队管理、促销推广、五感营销等提供策略
家具建材促销与引流 薛亮　李永锋　**著**	对泛家居营销执行模式和工具、关键环节等进行汇总	**建材家居门店6力爆破** 贾同领　**著**	产品力、导购力、形象力、推广力、服务力、组织力
家具行业操盘手 王献永　**著**	总结家具终端门店发展的现状及问题并给出策略	**手把手教你做专业督导** 熊亚柱　**著**	系统梳理督导的核心技能，岗位职责、工作流程及技能

续表

书名	内容	书名	内容
手把手帮建材家居导购业绩倍增 熊亚柱　著	针对建材家居门店的业务人员，用案例故事还原场景教你成为好导购	**10 步成为最棒的建材家居门店店长** 徐伟泽　著	梳理店长管理的核心工作职责、店面管理规范，帮助销售人员成长
建材家居门店销量提升 贾同领　著	9 个板块讲述建材门店一个单店如何做到经营的良性循环	**总部有多强大，门店就能走多远** IBMG 集团　著	五大方向综合阐述连锁零售企业总部如何提升管理能力
赚不赚钱靠店长，从懂管理到会经营 孙彩军　著	注重专卖店的经营思路拓展、门店管理细节方面能力的提升	**新医改了，药店就要这样开** 尚锋　著	从药店定位的思考，内部和会员管理等方面探讨中小型药店发展方向
电商来了，实体药店如何突围 尚锋　著	新时代药店经营的三驾马车：药学专业服务、会员贴心服务和精准定向促销	**引爆药店成交率 1：店员导购实战** 范月明　著	药店人的零售工作，怎样接待顾客，完善销售技巧
引爆药店成交率 2：药店经营实战 范月明　著	从药店经营角度建立改善门店现状的实用标准	**引爆药店成交率：专业化销售解决方案** 范月明　著	从简单的拿药服务到提供多角度的专业解决方案
口腔门诊盈利倍增：精益口腔 杨伟霞　王吉坤　著	为口腔门诊定制业绩提升管理系统并落地实施		
互联网			
一、互联网转型			
画出公司的互联网进化路线图 李蓓　著	18 个“可以……吗”的问题作为产品、客户和价值方面的指引牌	**7 个转变，让公司 3 年胜出** 李蓓　著	企业估值、业务模式、营销、生产制造、客户服务、用户黏性、组织管理 7 个转变
重生战略移动互联网和大数据时代的转型法则 沈拓　著	四个重生战略对应四个法则，告知传统企业的转型重生之路	**创造增量市场：传统企业互联网转型之道** 刘红明　著	为读者提供了寻找这些互联网的切入点和接触点的具体方法，带来增量市场
互联网 + 变与不变 本土管理实践与创新论坛　著	61 篇精华文章，聚焦传统行业如何互联网 + 时代转型	**今后这样做品牌** 蒋军　著	顶层设计、营销创新、产品战略、渠道变革、品牌策略
移动互联新玩法 史贤龙　著	立足现实，剖析新时代背景下的移动互联趋势与热点	**互联网时代的成本观** 程翔　著	多维组合成本的互联网精神和大数据特征及应用
正在发生的转型升级实践 本土管理实践与创新论坛　著	100 多位本土管理专家当年对最新一年的思考和实践	**1000 铁杆女粉丝** 张兵武　著	如何让普通女性成为忠实追随的铁杆粉丝，磁力点、情感结、甜蜜区、信任圈
混沌与秩序 Ⅰ：变革时代企业领先之道 彭剑锋　施炜　苗兆光　王祥伍　孙波　夏惊鸣	新环境下企业面临变革应如何应对，企业家如何坚守并与企业共同成长	**混沌与秩序 Ⅱ：变革时代管理新思维** 彭剑锋　施炜　苗兆光　王祥伍　孙波　夏惊鸣	对处于时代变革下的企业管理新机制、人力资源管理新思维，组织与人的新型关系，结合案例提出优化建议
消费升级：实践・研究 本土管理实践与创新论坛　著	从经营、管理、行业三个方面记录消费升级下的实践	**互联网精准营销** 蒋军　著	互联网时代整体策划、包装品牌和产品
智能推荐：让你的业务千人千面 刘国昊　周波　著	从资讯、电商、文娱行业来详细讲解智能推荐的应用，用户时间的争夺战	**制造业外贸营销网站建设** 宋金亮　著	介绍整个网站从无到有的实现过程，从分析思路、撰写内容到规划页面，列举了大量正反面实例，帮助读者理解和投入实践

续表

书名	内容	书名	内容
零售巨头数字化转型操盘笔记 江楠　著	一线操盘运营经理分享传统零售巨头的新零售到家业务全盘操作细节		
二、抖音、微信微商、电商			
书名	内容	书名	内容
抖音营销系统 刘大贺　著	抖音系统的实战营销知识，上百个从0做大的案例	金牌微商团队长 罗晓慧　著	微商团队长创业实操的指导工具书
微商生意经：真实再现33个成功案例操作全程 伏泓霖　罗晓慧　著	精心挑选的33个微商成功案例，阐述具体操作过程	快速见效的企业微信营销方法 孙巍　著	站在微信生态的立体高度系统讲述企业微信快营销方法论
阿里巴巴实战运营：14招玩转诚信通 聂志新　著	产品定位、阿里巴巴排名因素、数据分析、标题优化等	阿里巴巴实战运营2：诚信通热卖技巧 聂志新　著	打开诚信通运营的金钥匙，十大具体运营技巧
三、行业新营销			
餐饮新营销 杨勇　程绍珊　著	聚焦餐饮企业转型，系统的餐饮企业营销管理体系	新零售进化路径 李政权　著	预先复盘新零售及商业的未来，找到方向
珠宝黄金新营销 崔德乾　著	珠宝业新营销/新品牌/新产品/新零售/新连接/新场景/新服务/新传播/新管理	新经销·新零售时代教你做大商 黄润霖　著	探访近100位经销商在传统营销手法上的创新，传统营销微创新和新营销本地化
新零售动作分解与实操：建材·家居·家具 盛斌子　著	对泛家居行业趋势、店面管理、团队管理、促销推广、五感营销等提供策略	新营销 刘春雄　著	让品牌商和渠道商掌握获得独立流量的能力，能够与平台商博弈
快速见效的企业网络营销方法 B2B　大宗 B2C 张进　著	数据和案例90%来自作者服务的中小企业，快速全面地学习企业网络营销方法	移动互联下的超市升级 联商网专栏　著	超市未来的发展趋势，对社区超市、生鲜、全渠道建设、O2O等提出观点
百货零售全渠道营销策略 陈继展　著	零售行业的竞争重点、行业本质、战略转型、未来趋势、经验和案例	互联网时代的银行转型 韩友诚　著	银行业在互联网金融变革浪潮中所做的积极应对和转型布局
触发需求：互联网新营销样本·水产 何足奇　著	通过鲜誉案例解读阐述水产行业如何进行互联网转型	新农资如何弯道超车 刘祖轲　著	从农业产业化、互联网转型、行业营销与经营突破四个方面阐述农资企业转型
新零售　新终端 迪智成　著	将新零售系统打法做梳理并落地在新终端建设上		
医药医疗			
一、药店			
新医改了，药店就要这样开 尚锋　著	从药店定位的思考、内部和会员管理等方面探讨中小型药店发展方向	电商来了，实体药店如何突围 尚锋　著	新时代药店经营的三驾马车：药学专业服务、会员贴心服务和精准定向促销
引爆药店成交率1：店员导购实战 范月明　著	药店人的零售工作，怎样接待顾客，完善销售技巧	引爆药店成交率2：药店经营实战 范月明　著	从药店经营角度建立改善门店现状的实用标准
引爆药店成交率：专业化销售解决方案 范月明　著	从简单的拿药服务到提供多角度的专业解决方案	连锁药店新风口：资本　智能　大数据 动脉网　著	对我国连锁药店的市场环境、行业现状等进行分析，给出对连锁药店未来发展趋势的预判
药店导购关联销售技巧与成交话术 范月明　著	以药店情景案例导入，介绍常见疾病的导购销售话术与顾客心理分析，进而提供关联销售解决方案		

续表

书名	内容	书名	内容
二、药品销售			
医药第三终端：从控销到动销　诊所　基层医疗 王祥君　张芳文　著	用大量案例来梳理药企落地动销的策略、方法和技战术	**医药营销：诊所开发维护与动销** 张江民　著	从六个方面系统阐述基层诊所市场营销攻略
处方药合规推广实战宝典 赵佳震　著	对处方药推广体系搭建、推广人员岗位内容等六个方面进行阐述	**医药代理商经营全指导** 戴文杰　著	从产品选择、价格体系设计、路径管理等维度描述代理商产品操作的基本策略
处方药零售这样做 田军　著	处方药零售的重要性及做市场的具体措施和方法	**OTC医药代表药店开发与维护** 鄢圣安　著	一位从初级OTC医药销售代表成长起来的销售经理的经验分享
OTC医药代表药店销售36计 鄢圣安　著	以《三十六计》为线，阐述OTC医药代表向药店销售的技巧与策略	**做医生信赖的医药代表** 邹晓徽　宁剑锋 朱文虎　著	医药代表如何在合规要求下做好药品推广工作的操作工具书
三、药企转型			
药企战略·运营与医药产业重构 杜臣　著	医药产业的深度认知与发展趋势结合，战略思考与经营操作相统一	**医药行业大洗牌与药企创新** 林延君　沈斌　著	围绕创新介绍医药行业，介绍近百家医药企业创新实践案例
医药新营销 史立臣　著	从药企最关心的八个方面阐述制药企业、医药商业企业营销模式转型	**医药企业转型升级战略** 史立臣　著	从商业模式转型、管理转型、定位转型、运营模式转型和跨界转型五方面阐述转型
新医改下的医药营销与团队管理 史立臣　著	立足新医改相关政策的解读，为中小医药企业出谋划策	**在中国，医药营销这样做** 段继东　著	时代方略在医药营销领域思想、方法文章的精选合集
四、新医疗			
成为医疗器械领军者 王强　著	中小医疗器械生产企业和代理商怎样转型	**新型诊所经营与创新** 动脉网　著	对新型诊所从标准化管理、经营方式、团队建设、连锁模式四个方面进行解读
医美新风口：颜值经济下的亿万市场 动脉网　著	详细介绍中国医疗美容行业的发展趋势、现状及医美产业链等	**互联网医院：正在发生的医疗新变革** 动脉网　著	介绍互联网医院的建设与运营、管理，发展模式和市场布局，以及发展规律
快消品			
一、快消案例			
中国快消品营销这些年 史贤龙　著	一本书浓缩快消品营销15年的实战历程与前沿思考	**这样打造大单品** 迪智成　著	通过13个大案例帮助企业梳理打造大单品的路径
你不知道的加多宝 曲宗恺　牛玮娜　著	以时间为轴线，详细叙述了加多宝品牌的发展历程	**娃哈哈区域标杆** 罗宏文　快车君　赵晓萌 寇尚伟　著	娃哈哈豫北市场如何成为娃哈哈全国第一大市场、全国增量第一的市场
六个核桃凭什么从0过100亿 张学军　著	全视角深度解读养元企业的裂变成长，复盘十年蜕变轨迹	**像六个核桃一样** 王超　著	六个核桃为什么卖得这么好，产品畅销的6大要义36条简明法则

续表

书名	内容	书名	内容
5小时读懂快消品营销 陈海超　著	20年快消品市场风云洞察解码，丰富的案例解析		
二、快消品区域经理			
快消品营销团队管理 刘雷　伯建新　著	快消品团队管理相关的20余个工具+20余个案例	**这样打造快消品区域标杆** 罗宏文　牛玉龙　著	分两篇解决如何成功打造标杆市场和进行持续增量管理两大问题
成为优秀的快消品区域经理（升级版） 伯建新　著	作为区域经理的“速成催化器”，升级版增加11篇内容	**快消老手都在这样做：区域经理操盘锦囊** 方刚　著	一线成长起来的资深快消品营销人“压箱底”绝活
快消品营销人的第一本书 刘雷　伯建新　著	针对一线厂家业务员工作中常遇到的问题给予建议	**销售轨迹：一位快消品营销总监的拼搏之路** 秦国伟　著	一个普通营销人的故事，16年背井离乡的职场拼搏之路
快消品营销：一位销售经理的工作心得2 蒋军　著	从市场操作、团队管理、传播推广、营销的具体策略和战略等方面提供方法	**快消品区域/城市经理全渠道管理** 许翔　著	一位在日化巨头一线打拼多年的城市经理操作经验分享
三、快消品动销			
动销：产品是如何畅销起来的 余晓雷　著	从怎么被消费者买走和竞争对手是谁这两个原点解决动销问题	**动销操盘：节奏掌控与社群时代新战法** 朱志明　著	用七个章节阐述关于动销操盘的要诀，节点、节奏、主次、条件匹配性等问题
动销四维：全程辅导与新品上市 高继中　著	从产品、渠道、促销和新品上市四个方面详细讲解提高动销的具体方法	**快消品经销商这样做才赚钱** 张宇　著	从全新的角度，解读经销商的经营困境，并提供可实操的解决方法
快消新产品成功上市 伯建新　著	新产品是什么？新产品该如何去做？新产品要如何销起来，长销而不是昙花一现？本书给你答案		
四、快消品渠道			
深度分销 施炜　著	渠道价值链、模式选择、渠道策略与管理、零售经销商管理、最佳实践、团队建设	**通路精耕操作全解** 周俊　陈小龙　著	对康师傅的制胜法宝通路精耕进行系统的介绍与说明，图表和完善入微的操作方法
酒水饮料快消品餐饮渠道营销手册 朱伟杰　著	对餐饮渠道深入挖掘，建立适合餐饮渠道发展的服务模式和组织保障措施	**快消品经销商如何快速做大** 杨永华　著	经销商如何通过经营实现规模，通过管理实现规模效益
快消品营销与渠道管理 谭长春　著	解决日常涉及的渠道管理、市场、产品等营销事务	**快消品招商的第一本书** 刘雷　著	从招商理论到招商动作进行系列化分解，化繁为简
采纳方法：化解渠道冲突 朱玉童　著	21个最新的渠道冲突案例立体地介绍渠道冲突的现象和方法	**快消品促销管理与方案：规划 技能 工具** 张荣举　著	涵盖促销规划、打法、具体落地执行的细节和终端人员技能及训练，结合线上线下运作，提供全套方法
五、快消品企业战略			
重构：升级你的竞争优势 杨永华　著	用7大思维，帮你的企业提升档位	**变局下的快消品实战策略** 杨永华　著	从5个角度针对快消品企业如何应对行业变局给出答案
新营销 刘春雄　著	让品牌商和渠道商掌握获得独立流量的能力，能够与平台商博弈	**采纳方法：破解本土营销8大难题** 朱玉童　著	破解困扰营销人的八大难题，给出解决方法
白酒营销培训宝典：复制高业绩 刘孝鞅　著	总结白酒营销人员系统运作市场的要点，转化为易学可复制的动作和工具表单	**酒水饮料快消品餐饮渠道营销手册** 朱伟杰　著	对餐饮渠道深入挖掘，建立适合餐饮渠道发展的服务模式和组织保障措施

续表

白酒			
书名	内容	书名	内容
白酒营销的第一本书 唐江华　著	多角度阐释白酒一线市场操作的最新模式和方法	白酒经销商的第一本书 唐江华　著	对经销商如何选择厂家、合作、运营品牌等问题给出建议
白酒到底如何卖 赵海永　著	多角度阐释白酒一线市场操作的最新模式和方法	白酒到底如何卖2：从市场培育到动销 赵海永　著	系统化、标准化、模式化的促成动销的实战操作方式和方法
变局下的白酒企业重构 杨永华　著	白酒企业重构期的营销战略与实操策略6大方法	酒业转型大时代 微酒　著	酒水营销、新闻资讯及行业分析、预测的知识宝典
区域型白酒企业营销必胜法则 朱志明　著	以36条法则从战略、营销、推广、产品线、品牌、市场、战术等方面提供方法	10步成功运作白酒区域市场 朱志明　著	从市场攻守、产品攻略、新品上市、占领渠道、促销等十个层面阐述
白酒营销1：中小酒企操盘与崛起 徐伟　徐涛　著	深入分析品牌与行业、操作方法，提供营销实操宝典	白酒营销2：品类创新策略升级 黑格咨询　著	立足行业现状，建立品类创新、营销模式创新路径，提供市场建设方法、营销策略与工具案例
茶·调味品·油·乳业			
营销中国茶：2小时读懂茶叶营销 史贤龙　著	中国茶营销的“困局”“破局”和“创举”	中国茶叶营销第一书 柏龑　著	纵览中国茶叶市场的全局，并且有针对性地提出问题并阐述解决方法
调味品营销第一书 陈小龙　著	15年监控中国市场50个中外著名调味品品牌市场运作、管理等的经验总结	调味品企业八大必胜法则 张戟　著	提炼了调味品企业八大规律性的关键成功要素
食用油营销的第一本书 余盛　著	从小包装油行业概述到产品的基本知识，从基本执行动作到品牌整体策划等	鲁花：一粒花生撬动的粮油帝国 余盛　著	鲁花如何成长为优秀的带动农业产业发展的品牌
金龙鱼背后的粮油帝国 余盛　著	以金龙鱼为脉的一部中国粮油行业的史诗	乳业营销的第一本书 侯军伟　著	区域型乳品企业如何才能稳健发展
调味品经销商公司化运营 张戟　著	调味品和快消品经销商如何从“个体户”到“公司化”，一步步推进的具体方法		
工业品			
一、工业品销售			
大客户销售这样说这样做 陆和平　著	大客户销售活动的十大模块，68个典型销售场景	销售是个专业活 陆和平　著	据客户采购流程拆分销售过程十阶段、讲解方法技巧
成为资深的销售经理：B2B工业品 陆和平　著	让销售经理成功把握销售管理6个关键点，并提供工具	一切为了订单：订单驱动下的工业品营销实践 唐道明　著	以订单流程的三个环节为主线讲述工业品营销管理新思路
订单是这样拿到的 郑文洲　著	作者近10年销售生涯的回顾，真实销售故事和成功经验分享		
二、工业品营销			
工业品营销管理实务（第4版） 李洪道　著	是信任导向工业品营销体系的深化版、工业品营销管理体系优化咨询的升级版	工业品企业如何做品牌 张东利　著	为当下中国制造的品牌化转型提供经过实践证明的理念、方法和体系

续表

书名	内容	书名	内容
工业品市场部实战全指导 杜忠　著	解决职能不清、市场部五大职能如何运作、职业发展路径等具体问题	**解决方案营销实战案例** 刘祖轲　著	十大工业品作者实操案例解码解决方案营销
资深大客户经理：策略准　执行狠 叶敦明　著	将大客户经理必须具备的规划、策略、执行三种能力运用自如	**渠道管理就这样做** 陆和平　著	渠道规划和设计、渠道成员选择和寻找、渠道谈判和签约、管理渠道日常活动、设计渠道激励政策、解决渠道冲突、渠道的评估和调整
三、工业品企业			
变局下的工业品企业7大机遇 叶敦明　著	探索工业品企业成长的新机会，7大战略与战术性机会	**两化融合管理体系贯标流程与方法** 戴勇　著	融合五十多家企业在两化融合贯标过程的经验，总结重点与举措
丁兴良讲工业4.0 丁兴良　著	多角度阐述中国在工业4.0的机遇和挑战		
建材家居			
一、建材家居门店			
家居建材促销与引流 薛亮　李永锋　著	对泛家居营销执行模式和工具、关键环节等进行汇总	**新零售动作分解与实操：建材·家居·家具** 盛斌子　著	对泛家居行业趋势、店面管理、团队管理、促销推广、五感营销等提供策略
家具行业操盘手 王献永　著	总结家具终端门店发展的现状及问题并给出策略	**手把手教你做专业督导** 熊亚柱　著	系统梳理督导的核心技能、岗位职责、工作流程及技能
手把手帮建材家居导购业绩倍增 熊亚柱　著	针对建材家居门店的业务人员、案例故事还原场景，教你成为好导购	**10步成为最棒的建材家居门店店长** 徐伟泽　著	梳理店长管理的核心工作职责、店面管理规范和帮助销售人员成长
建材家居门店销量提升 贾同领　著	9个板块讲述建材一个单店如何做到经营的良性循环	**建材家居门店6力爆破** 贾同领　著	产品力、导购力、形象力、推广力、服务力、组织力
二、建材家居经销商			
新经销：新零售时代教你做大商 黄润霖　著	探访近100位经销商在传统营销手法上的创新，传统营销微创新和新营销本地化	**建材家居经销商42章经** 王庆云　著	经营管理的心法和战法，帮助经销商成为“业务妙手”和“管理能手”
成为最赚钱的家具建材经销商 李治江　著	针对建材家居行业的经销商，从销售模式、产品、门店、市场等方面给出方法		
三、建材家居企业			
定制家居黄金十年 韩锋　翁长华　著	对中国定制家居行业20年发展历程进行深度、系统、专业的解读	**建材家居营销：除了促销还能做什么** 孙嘉晖　著	探索家居建材行业营销的革命，发现行业“营销天花板”的突破口
建材家居营销实务：新环境、新战法 程绍珊　杨鸿贵　著	针对建材家居市场特点提出以客户价值为基础的整体营销价值链	**全屋整装　高利润运营手册** 翁长华　陈平　著	十大维度解决实际问题，是0到1极具操作性的整装指南
零售·餐饮·服装·影院·美容院			
新零售进化路径 李政权　著	预先复盘新零售及商业的未来，找到方向	**新零售　新终端** 迪智成　著	梳理新零售系统打法并落地在新终端建设上

续表

书名	内容	书名	内容
移动互联下的超市升级 联商网　**著**	超市未来的发展趋势，对社区超市、生鲜、全渠道建设、O2O 等提出观点	**百货零售全渠道营销策略** 陈继展　**著**	零售行业的竞争重点、行业本质、战略转型、未来趋势、经验和案例
超市卖场定价策略与品类管理 IBMG 集团　**著**	零售企业的市场拓展与商品定位、商品结构与商品陈列、毛利分析与库存分析	**连锁零售企业招聘与培训破解之道** IBMG 集团　**著**	围绕零售企业组织架构、培训体系建设等内容进行探讨
总部有多强大，门店就能走多元 IBMG 集团　**著**	五大方向综合阐述连锁零售企业总部如何提升管理能力	**三四线城市超市如何快速成长：解密甘雨亭** IBMG 集团　**著**	甘雨亭的许多关键经营指标均高于行业标准，学习其成功的方法
中国首家未来超市：解密安徽乐城 IBMG 集团　**著**	对乐城超市的掌门人及内部员工的采访详细阐释了乐城的经验	**零售：把客流变成购买力** 丁昀　**著**	通过大量的实际案例对中国零售业态的升级转型之路提出思考
餐饮新营销 杨勇　程绍珊　**著**	聚焦餐饮企业转型，系统的餐饮企业营销管理体系	**电影院的下一个黄金十年** 李保煜　**著**	介绍了中国电影产业的运作模式及电影院的开发、设计思路
餐饮企业经营策略第一书 吴坚　**著**	阐述餐饮企业产品之道、市场之道、顾客之道及盈利之道	**赚不赚钱靠店长，从懂管理到会经营** 孙彩军　**著**	注重专卖店的经营思路拓展，门店管理细节方面能力提升
时装买手自学通 范敏娜　**编著**	从流行趋势调研、商品企划、采购渠道、数据管理到店铺销售等时装买手需要具备的能力与操盘技巧	**美容院/养生馆高盈利经营模式** 陈鹏飞　**著**	5 步实现店铺高盈利方法与策略
零售巨头数字化转型操盘笔记 江楠　**著**	一线操盘运营经理分享传统零售巨头的新零售到家业务全盘操作细节		
农牧业			
一、农资			
饲料营销有方法 陈石平　**著**	饲料营销的 7 大核心命题	**农资营销实战全指导** 张博　**著**	在农资市场行之有效的营销策略和工具
新农资如何弯道超车 刘祖轲　**著**	农业产业化、互联网转型、行业营销与经营突破		
二、农牧企业			
中国牧场管理实战 黄剑黎　**著**	对牧场管理标准、管理制度、操作规程做出剖析和指引	**中小农业企业品牌战法** 韩旭　**著**	农业企业需要全产业链视野，更需要品牌实战方法
变局下的农牧企业 9 大成长策略 彭志雄　**著**	为农牧企业量身打造了 9 个立足现在、展望未来的成长策略	**农产品营销实战第一书** 胡浪球　**著**	针对 33 个农产品营销的核心问题提供具体招数
农产品全网营销 吴之　**著**	帮助全国农业合作社、家庭农场打造农产品品牌		
地产·汽车			
一、地产			
中国城市群房地产投资策略 吕俊博　刘宏　**著**	挖掘主要城市群的现状特征、发展因子、演化趋势、竞争关系等，给出分析建议	**产业园区/产业地产：规划、招商、实战运营** 阎立忠　**著**	从认知、规划、招商、运营四方面系统解读产业园区的建设精要和运营技巧
人文商业地产策划 戴欣明　**著**	“全球化视野（创意）”+“人文+”思维	**产业园区/产业地产 2：系统化经营与操盘攻略** 阎立忠　**著**	全方位系统解析产业园区运营策略

续表

书名	内容	书名	内容
从零开始打造产业园区 刘晓君　著	全流程，系统化，注重细节，多角度教你打造产业园区		
二、汽车			
书名	**内容**	**书名**	**内容**
商用车经销商运营实战 杜建君　著	对商用车经销商的经营与管理、4S店运营做了全方面的系统总结	**汽车配件这样卖** 俞士耀　著	适合轮胎、机油、维修、快保、美容、洗车等汽车服务业态销售实操办法
润滑油销售：这样说，这样做更有效 张金荣　著	总结润滑油销售面对三大客户常遇到的200余个营销问题解决方法	**润滑油品牌营销** 张金荣　著	没有说教，只有方法，适合小微企业、代工品牌、经销商、营销人阅读
投资理财·收购资本			
交易心理分析 马克·道格拉斯 【美】　著	一语道破赢家的思考方式，并提供了具体的训练方法	**财报背后的投资机会** 蒋豹　著	零基础轻松掌握财务报表的相关知识，快速入门
写给企业家的公司与家庭财务规划 周荣辉　著	以企业的发展周期为主线，介绍各阶段企业与企业主家庭的财务规划	**分股合心** 段磊　周剑　著	围绕股权激励，详细介绍相关知识和实行方法
成功并购300问 浩德并购军师联盟　著	系统学习资本运作和企业并购知识的金融工具书	**并购名著阅读指南** 叶兴平　著	从全球5000多本并购图书中精选200本并进行评价
避开股权合伙这些坑 苏雯静　著	根据创始合伙人、外部合伙人、内部合伙人等方面的实际案例做归纳和梳理	**产业并购操盘手** 张军杰　著	15个案例，11个范本，38个图表，拿来即用
科创板IPO上市全流程指导 丁先云　刘海旭　著	不仅有各项制度的深入剖析，更有各种问题和解决方案的详细论述，配合案例，轻松操作	**市值战略：上市公司市值管理有方法** 和恒咨询　著	正确理解，系统规划、全面执行市值战略。从“势道法术力”五个维度思考和设计市值战略
阿米巴			
阿米巴经营的中国模式 李志华　著	基于阿米巴经典理念提出了适合中国本土的员工自主经营的“1532”模型	**集团化企业阿米巴实战案例** 初勇钢　著	作者在某酒厂推行阿米巴经营模式的心得
中国式阿米巴落地实践之激活组织 胡八一　著	划分原则、裂变与整合、组织管控、重新定位、巴长竞聘和组阁	**中国式阿米巴落地实践之从交付到交易** 胡八一　著	从6个方面阐述经营会计，从交付到交易是成功实施阿米巴的标志
中国式阿米巴落地实践之持续盈利 胡八一　著	企业做成平台、平台做成阿米巴、阿米巴做成合伙制		
人力资源管理			
一、绩效·薪酬			
回归本源看绩效 孙波　著	从目的和概念帮助企业梳理绩效管理与经营的关系	**走出薪酬管理误区** 全怀周　著	从7个常见的薪酬误区入手为企业提供一套系统解决方法
曹子祥教你做绩效管理 曹子祥　著	作者核心授课课程的还原，掌握绩效管理的核心内容	**曹子祥教你做激励性薪酬设计** 曹子祥　著	作者28年咨询经验总结，如何进行科学的薪酬体系设计
把招聘做到极致 远鸣　著	资深招聘经理多年工作心得的提炼	**把招聘做到极致2：灰度招聘全攻略** 黄渊明　李佳倩　著	从实战需求出发，兼容并包各种优秀的招聘理论、方法、经验与工具，并进行创新性的应用

续表

书名	内容	书名	内容
二、招聘·面试·培训			
把面试做到极致 孟广桥　著	一套实用的确定岗位招聘标准，提升面试官技能方法	**世界500强资深培训经理人教你做培训管理** 陈锐　著	构建培训体系、培训组织、培训文化、开发培训资源，教你做培训管理
把猎头做到极致 李佳倩　黄渊明　著	帮助猎头顾问从平庸走向优秀	**招聘面试：用提问得到真相** 陈硕　著	十二年资深HR招聘面试经验分享，教你学会如何提问
人才评价中心漫画版 邢雷　著	用漫画形式写成的人才测评专业书籍	**上市公司培训体系搭建** 初忠宝　著	上市公司培训经理分享体系搭建的框架和案例
三、HR高管·劳动法			
经营型HRD 黄渊明　著	总结企业HRD如何支撑企业经营，抓好七件关键事情	**人才供应链：实现高绩效均衡的人才管理模式** 许锋　著	打造人才供应链的四大支柱、十项修炼的完整体系
新任HR高管如何从0到1 新海　著	到互联网创业型企业担任HRVP，从0到1建立较完善的HR体系	**人力资源体系与e－HR信息化建设** 刘书生　陈莹　王美佳　著	6大框架、28个关注点、5大目标、6大优势、166个交付物咨询体系和盘托出
集团化人力资源管理实践 李小勇　著	针对集团型企业人力资源管理的问题提出科学建议	**我的人力资源管理笔记** 张伟　著	第三方咨询视角跳出“技术方法”看人力资源管理
人力资源的5分钟劳动法 李皓楠　著	入职管理、在职管理、离职管理中遇到的劳动法问题及应对	**海外人力资源管理：帮企业成功“走出去”** 黄渊明　著	弥补了中国企业海外人力资源管理实践体系建设的空白，具有开创性意义
从零开始学：胜任力模型建模与应用 林丽萍　著	手把手教你做胜任力建模，并通过大量的企业案例折解介绍模型在各个方面的落地应用	**上市公司总经理助理工作笔记** 黄娜　著	40个案例，教你从小白助理到资深总助
用好任职资格体系 杨序国　著	以某企业为案例，系统地介绍了企业HR如何通过任职资格体系帮助员工成长	**胜任力模型咨询笔记** 韩文卿　著	吸取和总结了世界500强企业的胜任力模型搭建体系和方法
四、HRBP			
HRBP是这样炼成的之菜鸟起飞 黄渊明　著	作者在初步转型HRBP两年时间里摸索实践的亲身经历与总结	**HRBP是这样炼成的之中级修炼** 黄渊明　著	结合作者亲身从事HRBP的工作经历，总结HRBP的作战故事
HRBP高级修炼 黄渊明　著	故事方式，HRD角度深度呈现运用HRBP的思维、方法		
企业文化			
企业文化落地本土实践 王祥伍　著	华夏基石“知信行”模型描绘企业文化落地路线图	**企业文化的逻辑** 王祥伍　著	从文化起源深刻剖析文化、效率、企业、企业文化联系
企业文化定位·落地一本通 王明胤　著	企业文化理念传播和落地聚焦的17种方法，解读了近100个实战案例	**36个拿来就用的企业文化建设工具** 海融心胜　著	汇集整理了36个通用的企业文化实践工具
企业文化激活沟通 宋杼宸　安琪　著	系统阐述沟通与企业文化的关系，给予企业提升沟通效能的企业文化解决方案	**企业文化建设超级漫画版** 邢雷　著	用漫画形式写成的企业文化建设专业书籍，理论体系和29个具体的操作方法
在组织中绽放自我 朱仁建　著	个人与组织之间的关系，文化对组织化形成的影响	**用企业文化提升经营绩效** 彭剑锋　尚艳玲　主编	企业要想在竞争中利于不败之地，就不能没有能打胜仗的企业文化与领导力
流程管理			
营销·研发·供应链业务架构与流程管理 谭勋晖　著	营销、研发、供应链三大业务流程变革实践经验总结	**打造集成供应链** 王春强　著	第一用力在“集成”上，梳理内外部相关模块及其依赖关系
人人都要懂流程 金国华　余雅丽　著	50幅流程管理漫画，内部对流程价值理念的高度共识	**用流程解放管理者** 张国祥　著	8个板块构成，共66篇文章，14幅流程管理图
用流程解放管理者2 张国祥　著	对中小企业规范化流程管理进行系统的阐述	**跟我们学建流程体系** 陈立云　罗均丽　著	在《跟我们做流程管理》的基础上丰富了标杆实践案例

续表

质量管理			
书名	内容	书名	内容
16949 质量管理体系落地与全套文件汇编 谭洪华　著	对 IATF16949 每个条款讲解采用理解、作用、落地、模板、成功案例模块解析	**ISO9001：2015 制造业文件模板全集** 贺红喜　著	五篇内容组成的完整的质量管理体系工具文件
精益质量管理实战工具 贺小林　著	四个方面对精益质量管理进行了全方位介绍和解读，并提供大量的方法工具	**五大质量工具详解及运用案例** 谭洪华　著	APQP、FMEA、MSA、SPC、PPAP 五大质量工具的具体运用
IATF16949 质量管理体系详解与案例文件汇编 谭洪华　著	针对 IATF16949 的标准原文做详细解说，同时提供大量的表单案例	**SA8000：2014 社会责任体系认证实战** 吕林　著	将 SA8000 多版本及 10 多年的体系实战经验汇编成书
ISO9001：2015 新版质量管理体系解读与案例文件汇编 谭洪华　著	对 ISO9001：2015 新版标准理解和运用操作进行详细解读	**ISO14001：2015 新版环境管理体系解读与案例文件汇编** 谭洪华　著	ISO14001：2015 改版后的差别和操作运用进行详细讲解
我在世界 500 强做供应商质量管理 宋华　著	分享汽车行业成熟的供应商质量管理体系和方法，都是作者的亲身经历	**ISO45001 职业健康安全管理体系落地＋全套案例文件** 谭洪华　著	每个条款清晰讲解，内容完全落地，轻松运用
五大质量工具之 FMEA（2019 第五版）详解及运用落地 谭洪华　著	对 2019 年 6 月修订的第五版 FMEA 标准进行详解，提供落地操作方法和全部案例文件，可直接套用		
精益生产			
一、精益·JIT·IE			
精益思维：超越对手的力量 刘承元　著	以尊重人性的精益思想为切入点，分别从管理者的精益理念、精益思维、精益实践、精益中国制造等方面进行独到的分析	**比日本工厂更高效** 刘承元　著	管理提升无极限＋超强经营力＋精益改善里的成功实践
计划与物流精益改善之道 于晓光　著	围绕“计划与物流战略咨询的方法论”进行解析，提供方法论和案例	**300 张现场图看懂精益 5S** 乐涛　著	通过日本丰田、上市企业案例，用 300 张现场图系统讲解 5S 管理
3A 顾问精益实践 1：IE 与效率提升 党新民　苏迎斌 蓝旭日　著	系统、全面地介绍 IE 工厂管理技术，提高效率创造价值	**3A 顾问精益实践 2：JIT 与精益改善** 肖智军　党新民　著	系统、全面地介绍 JIT 生产方式，并加入实践案例
高员工流失率下的精益生产 余伟辉　著	从三方面论述推行精益管理时如何应对员工流失	**让员工爱上 6S 管理** 肖智军　著	提供了众多企业的原版资料、案例，还汇集了一些企业骨干的推行感想、感悟及反思
200 张图表学精益管理：IE 工厂效率提升方法 刘秀堂　著	IE 工程师视角，全是一线经验。精益落地的实操方法，大量图表工具让你上手就能做		
二、生产管理			
化工企业工艺安全管理实操 黄娜　著	围绕化工工艺安全 14 要素来展开分析	**手把手教你做专业生产经理** 黄娜　著	生产经理如何在信息流、物流、资金流三大流中开展工作

续表

书名	内容	书名	内容
欧博心法：好工厂 靠管理 曾伟 著	从管人篇和管事篇帮助读者解决人难管、事难控	**欧博工厂案例1：生产计划管控对话录** 曾伟 曾子豪 著	工厂管理生产计划管控模块的8个全景细节大案例
欧博工厂案例2：品质技术改善对话录 曾伟 曾子豪 著	工厂管理品质、技术、效率管理模块的10个全景细节大案例	**欧博工厂案例3：员工执行力提升对话录** 曾伟 曾子豪 著	工厂管理人员管控模块的5个全景细节大案例
工厂管理实战工具 曾伟 著	中国传统文化指导下的工厂管理工具	**制造业成本倍减42法** 王天江 著	42种经过实际验证有效的成本降低方法，用61个真实案例说明
制造企业上10亿其实并不难 杨小林 著	年产值1亿～10亿元中小制造企业在工厂经营和管理上的业务指导		
三、班组长			
全能型班组：城市能源互联网与电力班组升级 国网天津电力公司 著	从互联网时期的班组转型升级出发，对新型班组组织模式和运行机制进行设想	**国网天津电力全能型班组建设实务** 国网天津电力公司 著	聚焦天津电力公司在探索全能型班组转型升级时的优秀实践
咨询·培训师			
培训师事业长青之道 廖信琳 著	培训师自我管理的“洋葱模型”、十项内容与五个层级	**管理咨询师的第一本书** 熊亚柱 著	深度剖析初级入行咨询师在工作中遇到的问题
资深管理咨询顾问工作心得 张国祥 著	使用手册讲述咨询师如何操作项目、老板如何选择咨询师、企业如何自主落地	**手把手教你做顶尖企业内训师** 熊亚柱 著	从开、控、收、编、制、用的角度去履行培训师的职责
TTT培训师精进三部曲上 廖信林 著	手把手教你“深度改善现场培训效果”的一招一式	**TTT培训师精进三部曲中** 廖信林 著	建构一整套培训课程设计与开发的认知架构和方法体系
TTT培训师精进三部曲下 廖信林 著	通过“沉淀职业功力的六度模型”，帮助培训师在职业技能上持续精进		
产品·研发			
研发体系改进之道 靖爽 陈年根 马鸣明 著	取材数十家企业研发改进的咨询实践，提炼一套实操的改进步骤与工具	**新产品开发管理，就用IPD（升级版）** 郭富才 著	把产品经营的思想凝结在新产品开发管理机制中，升级版更丰富
产品开发管理：方法·流程·工具 任彭枞 著	结合超过300家企业的实际研发管理方法，总结问题和方法，大量表格	**资深项目经理这样做新产品开发管理** 秦海林 著	采用过程管理方法，对新产品开发的四大过程进行分析，主要针对小电器产品
产品炼金术Ⅰ：如何打造畅销产品 史贤龙 著	打造畅销产品的四个方法	**产品炼金术Ⅱ：如何用产品驱动企业成长** 史贤龙 著	从经营者视角重新认识产品，快速诊断产品现状
快消品产品开发方法：打造快消爆品 张荣举 著	提供整套实战性的思维、方法、技能和工具，直接带有表格及公式，一看就能上手		